Schnelle Frisuren für Mädchen

Verena Zemme

Schnelle Frisuren für Mädchen

von 6 bis 13 Jahren

Weltbild

Inhalt

Wie man Haare richtig frisiert war Ihnen bisher ein Rätsel? Wir zeigen Ihnen, dass es ganz einfach ist, hübsche Frisuren selbst zu machen.

Clips, Bobby-Pins, Wasserwellenklammern, Zopfspangen, Zickzackreifen, Bindis und Tattoo-Bändchen... lassen Sie sich inspirieren!

Damit nicht nur die Frisur stimmt, finden Sie auch ein kleines Styling-ABC für jeden Typ und für viele Gelegenheiten.
Lesen Sie dazu auch unsere Tipps auf den Seiten 50 bis 77.

Bunt und lustig, edel und konservativ, verträumt oder schrill und futuristisch – der neue Haarschmuck läßt kaum noch Wünsche offen.

Zum Geleit

Frühes Aufstehen, pünktliches Erscheinen auf Sets, die nicht immer gleich »ums Eck« liegen, rasches Arbeiten, Zeitdruck und wenig Freizeit sind so sehr ein Bestandteil meines Lebens geworden, dass ich kaum noch darüber nachdenke. Das Aufregendste an meinem Beruf als Makeup- und Hairstylistin sind dagegen die Menschen geblieben. Immer wieder empfinde ich es als tolle Herausforderung für mich, für Models, die ich manchmal nur einen Tag lang sehe, Haare und Makeup so zu gestalten, dass ihr Auftritt ein voller Erfolg wird.

Ein besonderes Erlebnis ist es bis heute für mich, wenn ein kleines Mädchen sich von mir die Haare machen lässt. Ganz gespannt sitzen die Nachwuchs-Models vor dem großen Spiegel und die eine Frage, die schon die Dreijährigen bewegt, schwebt durch den Raum: »Bin ich schön?« Wenn sie dann erleben, wie ich mit ihnen zusammen nach dem besten Ausdruck ihrer Persönlichkeit suche, betrachten sie die Verwandlung mit einer Hingerissenheit und einem Vertrauen, die mir viel Freude bereiten.

Um diese Freude am Miteinander geht es auch in diesem Buch. Weil nicht jedes Mädchen eine Oma wie meine hat, gefiel mir die Idee, bei dieser Produktion das Hairstyling zu übernehmen. Meiner Großmutter verdanke ich die Freude daran, mich und andere mit dem wichtigsten »Mittel« zu verwandeln – mit Fantasie. Aber erst wenn zur Fantasie auch handwerkliches Können kommt, wird man seine Ideen erfolgreich umsetzen. Deshalb zeige ich auch anderen – seien es Models oder wie in diesem Fall Müttern und Töchtern – gerne, wie man Haare flicht oder dass man mit Spangen und Klammern selbst aus dem hartnäckigsten Haarschopf etwas machen kann.

Damit es auch wirklich nur wenige Minuten braucht, um eine unserer superleichten Frisuren für jeden Tag zu »stylen«, können Sie mir bei einigen Profitricks über die Schulter sehen.

Dass die passende Frisur nicht immer aufwendig und kunstvoll sein muss, können Sie im Kapitel »Typisch« nachsehen. Hier wurden für jedes unserer sechs Mädchen Vorschläge erarbeitet, die nicht nur individuell, sondern auch typgerecht sind.

Ob Ihre Tochter oder ob Deine Schwester oder Freundin kurzes, glattes Haar hat oder eine lange naturkrause Mähne, ob sie blond, schwarz- oder rothaarig ist, in diesem Buch sollte auch für sie eine gute Lösung zu finden sein. Die Hauptsache ist, dass die Frisur zur Persönlichkeit passt!

Viel Spaß und viel Erfolg wünscht Ihnen

Cleo Seiderer

Vorwort

»Ach Mami, toll!« – noch ein Blick in den Spiegel, die eigene Schönheit bewundert – und fort ist Ihre Tochter. Lohnt es sich für diesen kurzen Moment, Zeit zu opfern und Gequängel in Kauf zu nehmen, ganz zu schweigen vom Kampf mit rutschigen Haaren, unwilligen Spängchen, Klammern und Bändchen?

Ich finde, ja! Wer seiner Tochter eine Frisur für ihren Auftritt bei der Schulaufführung macht, legt auch in diese »Dienstleistung« Liebe und Zuneigung, die sie mitnimmt zu dem großen Ereignis. Wenn Du eine Schwester hast oder eine Freundin und Du probierst an ihr etwas Neues und Tolles aus, dann übernimmst Du auch Verantwortung dafür, wie sie auf andere wirkt ...

So ist das gemeinsame Haaremachen mehr als ein Ausdruck des aktuellen Jugend- und Schönheitswahns, dem ich ziemlich kritisch gegenüber stehe. Barbiepuppen, der ganze Kult um spindeldünne Models und Mannequinns, dazu die stets perfekten Frauen in der Werbung – vieles werden Sie als Mutter ohnehin zu relativieren wissen.

Andererseits darf man aber nicht übersehen, wie gut es ist, dass Mädchen heute weitgehend unverkrampft jung und mädchenhaft sein dürfen. Weil es nicht immer einfach ist, hier die rechte Balance zu finden, haben wir diesen Ratgeber entwickelt. Unser Thema ist dabei in erster Linie nicht der aktuelle Trend, die Modeerscheinung, sondern schönes, gesundes, glänzendes Haar. Und das ist in erster Linie das Ergebnis einer gelungen Pflege von innen und von außen.

- Im Kapitel »Grundwissen« sagen wir Ihnen, wie Sie das Haar Ihrer Tochter optimal pflegen können.
- Milde Shampoos und natürliche Kuren und Spülungen bringen Glanz ins Haar. Eine ausgewogene, gesunde Ernährung versorgt Haut und Haare mit wichtigen Vitaminen.
- Wichtig ist es natürlich, die richtigen Utensilien zur Hand zu haben. Dazu brauchen Sie kein übervolles Stylingset – einige Haarklammern, Kämme und Bürsten reichen. Wir geben Ihnen Tipps für die Auswahl der geeigneten Produkte.
- Aller Anfang ist schwer! Wie man grundsätzlich mit einer Frisur anfängt, ohne dass die ganze Haarpracht ständig wegrutscht, zeigen wir Ihnen in unseren Anleitungen Schritt für Schritt.

Wir zeigen Ihnen dann anhand unserer 24 schnellen Frisuren, wie Sie selbst kreativ werden und miterleben können, wie Ihr Kind seine Persönlichkeit entdeckt und entfaltet.

Viel Freude mit diesem Ratgeber
wünscht Ihnen

Verena Zemme

Grundwissen

Kinder frisieren ist leider nicht immer kinderleicht! Schon so manche Mutter (und einige Väter) sind schier daran verzweifelt, wenn sie versucht haben, ihren Kindern die Haare zu Hause selbst zu machen. Denn was beim Frisör so einfach aussieht – hier ein wenig abgeschnitten, da eine kleine Welle, kurz geföhnt – ist das Ergebnis einer gründlichen theoretischen und praktischen Ausbildung. Doch Halt! So viel Theorie brauchen Sie nicht, wenn Sie mithilfe dieses Ratgebers unsere Frisuren nachmachen möchten! Kinderfrisuren – kinderleicht? Wir zeigen Ihnen alles, was Sie wissen oder können müssen, um Ihrer Tochter innerhalb von Minuten eine hübsche Frisur zu machen.

In diesem Kapitel haben wir das Wichtigste zusammengefasst, was Sie vorab über den Umgang mit Kinderhaar wissen müssen.

- Wichtig – erst pflegen, dann loslegen. Nur die richtige Pflege lässt das Haar schön glänzen.
- Die Ernährung entscheidet mit darüber, ob das Haar Ihres Kindes gesund ist oder ob es stumpf und spröde wirkt.
- Nützliche und natürliche Produkte zum Waschen, Pflegen und Frisieren machen zartes Kinderhaar richtig schön.
- Ohne Tränen und Gequängel geht das Frisieren aber nur dann ab, wenn Ihre Handgriffe »sitzen«. Wir zeigen Ihnen, wie's geht.
- Clipse, Spangen, Klammern, Bobby-Pins, Wasserwellklammern – wir sagen Ihnen, was was ist im Dschungel des Haarschmucks.

SCHÖNES HAAR von Anfang an!

Farbe und Struktur unserer Haare sind genetisch bedingt. Eine Tatsache, mit der offensichtlich schon kleine Mädchen nur schlecht leben können.

Sicherlich hat auch Ihre Tochter sich schon einmal das genaue Gegenteil dessen gewünscht, was sie als Erbe mitbekommen hat: Hat sie dickes, käftiges Haar, beneidet sie vielleicht die Freundin mit den feinen Haaren, bei der die Bob-Frisur perfekt sitzt. Und umgekehrt... Da ist es ein echtes »Glück«, dass unsere Haare veränderbar sind. Ein neuer Schnitt, oder ein paar Tricks und Accessoires – und schon fühlt man sich wie neugeboren.

Spieglein, Spieglein an der Wand...

Wir Älteren kennen den Wunsch, uns nach einer Lebenskrise durch eine neue Frisur auch nach außen hin völlig zu verändern. Zusätzlich unterliegen wir im Laufe unseres Lebens den Einflüssen unterschiedlichster Moderichtungen und Schönheitsideale. Was wird da nicht alles manipuliert: die Struktur, das Volumen, die Länge, die Farbe... Solange das Haar nicht ständig überstrapaziert wird, ist gegen diese Eingriffe eigentlich nichts einzuwenden. Erlaubt ist, was gefällt. Im Vordergrund sollte aber stets die Überlegung stehen, wie man die eigene Persönlichkeit am besten durch eine Frisur unterstreicht, ohne lächerlich zu wirken oder sich selbst fremd zu werden. Und dieser Grundsatz gilt sicher auch schon für Kinder.

Haarige Unterschiede

Ob wir gelocktes oder glattes, helles oder dunkles, dünnes oder dickes Haar haben, ist also eine Frage unserer Erbanlagen. Aber in welchem Zustand sich unsere Haare befinden, ob sie sich geschmeidig anfühlen und glänzen, ist in jedem Lebensalter Sache der Pflege, die wir ihnen zukommen lassen.

Um Haar optimal zu pflegen, muss man wissen, was es braucht, um gesund zu bleiben. So kann man es mit der richtigen Ernährung von innen kräftigen und mit den passenden Produkten von außen verwöhnen.

Lebenslauf der Haare

Beim Neugeborenen verliert sich rasch der Rest des eventuell noch vorhandenen Flaumhaares und macht zunächst einer spärlichen Behaarung Platz, die die Kopfhaut durchschimmern lässt. Eine spezielle Haarpflege ist im Babyalter noch völlig unnötig, es reicht, wenn Sie beim Waschen den Waschlappen mit über den Kopf streichen.

Erst zwischen dem zweiten und dritten Lebensjahr beginnt der erste richtige Haarwuchs in einer annähernd bleibenden Farbe. Die meisten Menschen dunkeln dann im Laufe ihres Lebens nach, bevor ab etwa dem 40. Lebensjahr die Zellen verschwinden, welche die Farbpigmente liefern. Danach bilden die Haarwurzeln nur noch weiße Haare aus.

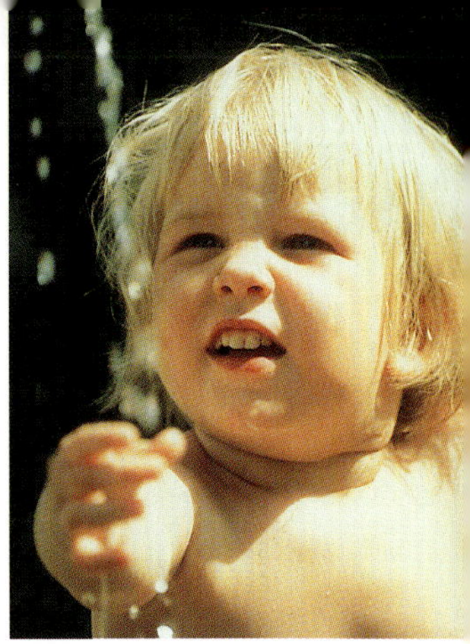

Das A und O der Haargesundheit und -schönheit ist vom Babyalter an die Pflege – von innen über eine gesunde Ernährung und von außen durch richtige Produkte und Behandlung.

Wie die Haare wachsen

In der Kopfhaut liegen röhrchenartige Haarbalge, die Follikel, an deren Ende die Haarwurzel (Haarpapille) sitzt. Die Wurzel wird durch den Blutkreislauf mit Nährstoffen versorgt und produziert Zellen, die das Haar bilden.

Ein Haar wächst dort drei bis fünf Jahre, löst sich dann von der Papille und rückt nach oben. Im Haarbalg verbringt es eine mehrmonatige Ruhephase, in der im selben Haarbalg schon ein neues Haar wächst, welches das alte Haar oft erst beim Nachwachsen ganz hinausstößt. Das sichtbare Haar ist lediglich das verhornte Endprodukt eines langen Wachstumsprozesses – daher tut es auch nicht weh, wenn man es abschneidet.

Ein Haar – drei Schichten

Jedes einzelne Haar besteht aus dem Mark, einer äußeren Hornschicht (Cuticula) und dem Sebum, einem in den Talgdrüsen produzierten Haarfett.

- Das Mark ist von einer Rinde aus melaninhaltigen Faserzellen umschlossen. Dieses Pigment bestimmt die natürliche Farbe des Haares.
- Bei gesundem Haar liegen die dachziegelartig angeordneten Hornschuppen flach und fest übereinander und bilden eine glatte Schutzfläche, die das Licht reflektiert – das Haar glänzt und fühlt sich seidenweich an.
- Das Sebum überzieht den gesamten Haarschaft. Es glättet die Schuppenschicht und bewahrt dem Haar seine Feuchtigkeit und Elastizität. Zu starke oder zu geringe Sebum-Produktion führt zu fettigem beziehungsweise trockenem Haar.

Haarstatistik

Das Haar wächst etwa einen Zentimeter pro Monat, bis es ausfällt. Täglich »opfern« wir so vier bis fünf Dutzend Haare. Dieser Verlust erscheint weniger tragisch, wenn man bedenkt, dass ungefähr 100.000 Exemplare auf unserem Kopf sprießen.

Eine ausgewogene Ernährung mit viel Gemüse, Milch und Milchprodukten, Obst und mageren, leichten Fleischsorten sowie Fisch bietet in jedem Fall die beste Grundlage für eine gute Gesundheit.

Haar-Schönheit kommt von innen

Durch die Verbindung mit dem Blutkreislauf sind unsere Haare nicht einfach nur eine leblose Kopfbedeckung, sondern spiegeln alle Stoffwechselvorgänge und den Gesamtzustand unseres Organismus. Für gesundes, glänzendes Haar ist eine ausgewogene Ernährung mit vielen Proteinen, Vitaminen und Mineralstoffen genauso wichtig wie für unseren restlichen Körper. Die Folgen falscher Ernährung sind immer auch an Haut und Haaren abzulesen.

Auch Stress und fiebrige Erkrankungen machen Haare schlaff und glanzlos und können sogar vorübergehenden Haarausfall auslösen. Nach überstandener Krankheit oder wenn Ihr Kind besonders schnell gewachsen ist, wirkt sein Haar oft stumpfer als sonst. Klammern halten schlechter oder rutschen leichter heraus. In einem solchen Fall kann es angeraten sein, die Nahrung mit Mineralstoffkombinationen aus der Apotheke zu ergänzen.

Wichtig sind vor allem Magnesium, Kalium, Kalzium, Vitamin D und Vitamin B-Komplexe, Eisen und Eiweiß.

Ernährung fürs Haar

Die Formel für schönes Haar ist eigentlich ganz einfach: Wenn Ihr Kind gesund ist und genügend Vitamine, Nähr- und Mineralstoffe über seine Nahrung aufnimmt, dann ist auch sein Haar gesund, glänzend und voll.

Leider werden Kinder in unserer Gesellschaft von klein auf zum Konsum sehr kalorienreicher, zucker-, fett- und salzhaltiger Kost verführt. Das betrifft nicht nur die heiß geliebten Pommes, Chips und Schokoriegel, sondern auch die meisten Fertigprodukte vom Ketschup über Dosenravioli und Limonaden bis zur Tiefkühlpizza.

Tipp: Alles Gute fürs Haar

Diese Nahrungsmittel enthalten das gewisse »Etwas« für schönes Haar – also viele Mineralstoffe und Vitamine:Avocado, Apfel, Ananas, Buchweizen, Ei, Haferflocken, Hefe, Honig, Jogurt und andere Milchprodukte, Karotten und Kieselerde.

Die Vielfalt entdecken

Wie kann man diesem Trend entgegenwirken? Es ist sicher keine Lösung, eine Achtjährige schon zum Hungerkünstler zu erziehen und zu zwingen, sich von Magermilchprodukten zu ernähren. Nein, der Trick ist, neue Lebensmittel zu entdecken, sich zu informieren – und selber zu kochen. Selbst gemachtes Essen hat immer einen wesentlich geringeren Anteil an Fett und Salz als alles, was man in Restaurants oder unterwegs bekommt. Hier einige erprobte Ratschläge, wie man mehr Abwechslung auf den Tisch bringt.

Tipps für Gemüsekasper

Gemüse muss nicht wie noch zu Großmutters Zeiten in einer dicken Soße ersticken. Wenn Ihre Kinder Gemüse in einer möglichst naturbelassenen Form ablehnen, versuchen Sie es mit überbackenem Gemüse-Auflauf oder holen Sie sich Inspiration in den orientalischen und fernöstlichen Küchen, wo häufig Süßes und Saures in einer auch für Kinder interessanten Weise gemischt wird.

Salat ist nicht langweilig

Das gilt auch für Salat. Es gibt feurige Blumenkohlsalate, herzhaften Salat aus Spinat, und griechischen Bauernsalat ...

- Die meisten Kinder mögen keine sauren »erwachsenen« Salatsoßen. Das ist gut so, denn die gekauften Salatsoßen enthalten viel zu viel Salz und Fett.
- Lassen Sie Ihr Kind stattdessen im Dampfeinsatz gegarten Zuckermais, rohe Radieschen, Kirschtomaten und Gemüsesorten »einfach so« essen.
- Oder machen Sie aus Quark oder Jogurt und frischen Kräutern einen Dipp, in den alle bei Tisch Gurken-, Sellerie- oder Zucchinistangen, Karotten, Kohlrabi oder Blumenkohlröschen eintunken können. Das macht Spaß, weil jeder so viel und so langsam essen kann, wie er mag.

Man darf wählerisch sein!

Heute hält praktisch jeder Bäcker mindestens drei Vollkornbrotsorten und Brötchen bereit, in denen sogar Rosinen und knackige Nüsse eingebacken sind. Bieten Sie Ihrem Kind immer wieder eine Variante an. Vermeiden Sie Weißmehlprodukte so weit wie möglich, damit der Magen- und Darmtrakt nicht träge wird.

- Manchmal schmeckt der gekaufte Fruchtjogurt nur wegen der schönen Verpackung so gut. Dabei kann man mit etwas Fantasie auch den selbst gemachten Produkten (die viel weniger Zucker und Fett enthalten) auf die Sprünge helfen: Gesichter aus Beeren auf den Quark oder Jogurt dekorieren, kleine Schirmchen dazustecken, ein paar Nuss- oder Schokostreusel darüberstreuen.
- Obst wird wählerischen Kindern ebenfalls durch die Präsentation schmackhafter gemacht: Reihen Sie doch einfach Fruchtstückchen auf Schaschlickspieße auf. Oder greifen Sie auf die altmodischen »Käsehäppchen« zurück, wenn Ihr Kind ein Milchprodukte-Muffel ist.

Hat Ihr Kind ein Lieblingsobst der Saison? Prima! Sie sollten es ihm nicht aufdrängen, aber immer etwas davon vorrätig haben und über den Tag hinweg anbieten.

KEIN KAMPF im Badezimmer!

Kindern Haarpflege näher zu bringen, ist nicht immer ganz einfach. Schon ein »traumatisches Erlebnis« kann ausreichen, um aus einem netten kleinen Mädchen ein brüllendes Nervenbündel zu machen. Einmal richtig viel brennender Schaum in den Augen, die verflixten »Nestchen«, die ein Erwachsener unvorsichtig auszukämmen versucht hat, Erstickungsanfälle unter der Brause ... und auf Jahre hinaus ist alles, was mit Haaren zu tun hat, gründlich vermiest.

Trauma Haarewaschen?

Sicherlich erinnern Sie sich noch an Ihre eigene Kindheit und das Thema »Haarewaschen«. Vorn über das Waschbecken gebeugt, mit einem Waschlappen notdürftig die Schaummengen vom Auge gedrängt und doch mit dem typisch stechenden Seifen-Schmerz im Auge, konnte man nur hoffen, dass die Wassertemperatur nicht auch noch allzuschnell wechselte. Sanft einzustellende Brausen und Mischbatterien waren viel seltener als heute.

Immer noch ist Haarewaschen bei Kindern meist mit Widerstand und Tränen verbunden, denn trotz der weiterentwickelten, milden Shampoos reizt der Schaum die Augen, beim anschließenden Auskämmen ziept es an der Kopfhaut, und der Streit zwischen Eltern und Tochter ist – egal wie jung – schon vorprogrammiert.

Profitipps rund ums Waschen

Nur möglichst milde Shampoos verwenden. Wenn Ihre Tochter es annimmt, versuchen Sie solange wie möglich mit Babyprodukten zu arbeiten. Zur Not schütten Sie das Kleinkindshampoo, das Ihre Tochter gut verträgt, aber als babyhaft ablehnt, einfach in eine andere »erwachsene« Shampooflasche um.

- Nehmen Sie immer nur wenig Shampoo, schäumen Sie es mit etwas Wasser in Ihrer Hand auf, und massieren Sie es nur in den Haaransatz ein. Die Haarlängen werden beim Ausspülen durch den ablaufenden Schaum ausreichend gereinigt. 30 Sekunden einwirken lassen. Einmaliges Shampoonieren reicht aus.
- Spülen Sie das Haar immer sehr gründlich aus. Shampooreste machen das Haar stumpf und schwer. Die gereinigten Haare sollen quietschen. Beim Ausspülen den Kopf zurücklegen und einen Waschlappen vor die Augen halten, damit kein Schaum eindringen kann.

Vorsicht, nasses Haar ist sehr empfindlich. Rubbeln Sie es nicht trocken, sondern drücken Sie es nur behutsam aus. Kämmen Sie das feuchte Haar mit einem breitzinkigen Kamm vorsichtig von den Spitzen her aus.

Seit seiner Erfindung vor rund 60 Jahren hat das Shampoo Fortschritte gemacht. Kation-Tenside, die früher die Augen brennen liessen, sind aus modernen Shampoos verbannt, und neue Zusatzstoffe verhindern das »elektrische Aufladen«.

Die bunte Welt der Pflegeprodukte

Die Pflegeprodukte für Haare sind aus den langen Reihen der Drogeriemärkte gar nicht mehr wegzudenken.

Für alle Haarpflegemittel gilt: Weniger ist oft mehr. Denn unsere Haare können auch »überpflegt« werden; die Rückstände von Spülungen, Kuren, Sprays etc. beschweren das Haar und lassen es kraftlos herabhängen. Bei Kinderhaar sollte man generell mit diesen Hilfsmitteln äußerst sparsam umgehen.

Verlockende Düfte

Verschiedene Hersteller bringen spezielle Kindershampoos auf den Markt. Sie sind so konzipiert, dass sie Kinderhaar besonders schonend, sanft und dennoch gründlich reinigen. Sie verleihen dem Haar gesunden Glanz und sollen es leichter frisierbar machen – natürlich ohne Ziepen und Augenbrennen!

Werbespots und Modetrends beeinflussen uns beim Einkauf. Ist Orangen- oder Apfelaroma gerade schick, werden Sie es schwer haben, Ihre Tochter vom »langweiligen« Neutralshampoo zu überzeugen. Schließen Sie einen Kompromiss: Einmal darf die Tochter aussuchen, beim nächsten Mal wieder Sie.

Tipp
Achten Sie auf einen neutralen pH-Wert, damit der natürliche Säureschutzmantel der Kopfhaut erhalten bleibt und die Haare nicht ausgelaugt werden. Zuviel Shampoo kann Kopfhaut und Haare austrocknen. Besonders mild sind Babyshampoos und Shampoos für die tägliche Haarwäsche.

Spülungen und Kuren

Spülungen glätten die beim Waschen aufgequollene Schuppenschicht der Haare, machen sie weich und leichter kämmbar. Bei Kinderhaaren muss nicht nach jeder Wäsche eine Spülung gemacht werden. Die Häufigkeit hängt vom Pflegebedürfnis der Haare ab. Wir stellen im Folgenden einige Spülungen vor, die die Haare glänzen lassen und verwöhnen.

Welches Shampoo für welchen Haartyp?

Für bessere Kämmbarkeit	Aprikose
Normales Haar	Kiwi
Feines, empfindliches Haar	Mandel
Blondes Haar	Kamille
Trockenes und strapaziertes Haar	Seiden-proteine

Haarkuren bzw. Packungen helfen vorübergehend bei durch Föhnluft, aggressives Bürsten, Sonne und Salzwasser geschädigtem Haar. Die Pflegesubstanzen dringen in den aufgerauten Haarschaft ein und füllen poröse Stellen aus. Ein unsichtbarer Schutzfilm überzieht jedes einzelne Haar und schützt es bis zur nächsten Wäsche.

Natürliche Haarkosmetik

Vielleicht können Sie das Interesse Ihrer Tochter am Haarepflegen mit selbst gemachten Kuren und Packungen wecken. Diese kleine Extrazuwendung tut dem Haar und auch der Psyche gut. So ganz nebenbei lernen die Kinder auch, dass man nicht alles fertig im Supermarkt kaufen muss.

Noch mehr Spaß macht die Haarpflege, wenn ein kleines gemeinsames Ritual daraus wird. Wenn Ihre Tochter dafür empfänglich ist und noch nicht in dem Alter, wo sie vielleicht lieber mit einer Freundin zusammen Kosmetika ausprobiert, zelebrieren Sie doch eine wöchentliche Mutter-Tochter-Stunde. Natürlich dürfen auch Geschwister mitmachen, die Haarpflege schadet ja keinem. Dazu gehört dann das gemeinsame Anrühren der Packung, das Auftragen und eine halbe Stunde, während sie einwirkt, gemeinsam Musik hören und etwas zusammen spielen.

Tipp

Eine Haarkur muss mindestens 15 Minuten einziehen. Wärme optimiert die Wirkung: Ziehen Sie eine Plastikhaube über die Haare, und wickeln Sie ein heißes, nasses Handtuch darüber. Spülen Sie Kuren sehr gründlich aus. Kurreste machen das Haar schwer und schlaff statt glänzend und leicht frisierbar.

Grundrezept für ein Naturshampoo

In Naturkosmetikläden, Reformhäusern und Apotheken finden Sie ein breites Angebot an Grundsubstanzen (z.B. Betain und Xanthan), die man dann nach Belieben mischen kann. Ob sich der Aufwand lohnt, muss jede Mutter selbst entscheiden. Selbst gemachte Shampoos haben nur eine begrenzte Haltbarkeit: Maximal drei Wochen im Kühlschrank sind die Regel.

Unbestreitbar ist, dass Sie dadurch eine Belastung durch potentiell krebserzeugende Inhaltsstoffe vermeiden, wie sie in Fertigshampoos immer wieder gefunden werden. Fertigprodukte enthalten Farbstoffe, Konservierungsmittel und eine Vielzahl an Chemikalien.

Zwei Esslöffel getrocknete Seifenkrautwurzel (Apotheke) in einem halben Liter Wasser kochen. 10–20 Minuten ziehen lassen. Durch ein Sieb gießen und nach dem Abkühlen wie Shampoo verwenden.

- Die Aromastoffe, die handelsübliche Shampoos so attraktiv machen, kann man mit wenig Mühe auch durch ätherische Öle in die Flasche zaubern. Einige Tropfen eines wohlriechenden Öls (z. B. Grapefruit, Melisse, Zitrone, Ylang-Ylang) zu einem Teelöffel Oliven- oder Weizenkeimöl träufeln, in die Flasche zu einem unparfümierten Naturshampoo (aus dem Reformhaus oder einem Naturkosmetikladen) geben, gut verschütteln, fertig!

Grundrezept für eine Naturspülung

Klassische Spülungen mit hellem Bier und Obst- bzw. Apfelessig sind wieder aktuell; aber auch mit anderen Kräutern oder Zusätzen (aus der Apotheke oder dem Reformhaus) versetzt, lassen sie sich einfach zu Hause herstellen.

- Mit einer Essiglösung (zwei Esslöffel auf eine große Tasse lauwarmes Wasser) nachgespült bekommt das Haar seidigen Glanz.
- Bei allen anderen Heilkräutern: Überbrühen Sie je zwei Esslöffel frische oder getrocknete Kräuter und einen Schuss Obstessig oder Zitronensaft mit einem halben Liter kochendem Wasser. Am nächsten Tag abseihen und über das gewaschene Haar gießen. Glanz- und Pflegespülungen muss man nicht ausspülen!

Grundrezept für eine Kurpackung

Zwei Esslöffel leicht erwärmtes Speiseöl, Oliven- oder Sesamöl, vor dem Haarewaschen eingeknetet pflegen empfindliche Haarspitzen.

- Zusätze, z. B. Tees aus Heilkräutern oder einige Spritzer ätherisches Öl, mit einem Eigelb, einem bis zwei Esslöffeln Öl und etwas Wasser zu einer Paste verrühren und auf die Haare auftragen. Mit Plastikfolie und warmen Handtüchern umwickeln und 30 Minuten einwirken lassen. Danach die Haare gründlich waschen.

Der feine Duft kommt nicht von ungefähr! Natürliche Früchteextrakte sorgen für Haar mit herrlich fruchtigem Aroma. Bei Kindern beliebte Duftnoten sind Aprikose, Apfel, Melone oder Kiwi.

Pflegetipps für normales/unauffälliges Haar

Eine Packung aus Eigelb mit Mandel-, Weizenkeim-, Sesam- oder Olivenöl vermischt ins frisch gewaschene Haar geben.

Unterstützende Kräuter, Zusätze und ätherische Öle: Apfelessig, Melisse, Rosenblüten.

Pflegetipps für fettiges Haar

Tägliches Haarewaschen schadet nicht und begünstigt auch nicht das Nachfetten. Gegen leicht fettendes Haar hilft eine kalte Dusche nach dem Ausspülen, sprechen Sie den kalten Guss aber vorher mit Ihrer Tochter ab. Wenn sie sich nur schwer überreden lässt, frottieren Sie zur Belohnung das Haar mit einem gewärmten Handtuch ab.

Unterstützende Kräuter, Zusätze und ätherische Öle: Arnika, Bier, Eibisch und Thymian (jeweils auch bei Schuppen), Bergamottenöl, Salbei, Zedernöl.

Natur ist auch bei Bürsten und Kämmen Trumpf. Hat Ihre Tochter dünnes, leicht fliegendes Haar, könnte es sich bei Kunstfaserprodukten aufladen und leicht verheddern. Bei Kunststoff besteht immer eine gewisse Bruchgefahr.

Pflegetipps bei Schuppen

Ein Dauerforschungsthema sind Schuppen, deren Ursache noch nicht gänzlich geklärt ist. Schuppen können ebenso das Resultat falscher Pflege wie grundlegender Stoffwechselstörungen sein und zu entzündlichen Prozessen der Kopfhaut führen. Deshalb sollten sie immer behandelt werden. Die gängigen Schuppenshampoos verhindern zumindest den Schuppenfall und sind generell recht wirksam. Achten Sie darauf, dass Rückstände von Shampoos, Kuren etc. sorgfältig von der Kopfhaut abgespült sind. Verwenden Sie auch stets frische Handtücher zum Abtrocknen der Haare.

Unterstützende Kräuter, Zusätze und ätherische Öle: Apfelessig, Arnika, Birke und Brennessel (bei dunklem Haar), Eibisch, Klettenwurzel, Schafgarbe, Thymian.

Extrarezept gegen Schuppen: Setzen Sie dem Grundrezept für Spülungen je einen Teelöffel Schafgarbe und geriebenen Meerrettich zu. Der im Meerrettich enthaltene Schwefel stimuliert die Selbstreinigungsmechanismen der Kopfhaut.

Pflegetipps für trockenes und sprödes Haar

Geben Sie nach dem Waschen ein wenig Rizinusöl ins Haar, es lässt sich dann leicher formen und bekommt zusätzlichen Glanz. Hier helfen ganz allgemein Packungen mit süßem Mandelöl, Weizenkeimöl oder Olivenöl, die später ausgewaschen werden.

Trocknen bei Zimmertemperatur ist speziell für trockene Haare schonender als der Föhn. Am Strand sollte das Haar nicht der direkten Sonnenstrahlung ausgesetzt werden; geben Sie etwas Öl oder Creme ins Haar.

Unterstützende Kräuter, Zusätze und ätherische Öle: Fenchel, Lindenblüten, Melisse, Rosenblüten.

Pflegetipps für stumpfes, glanzloses Haar

Machen Sie eine kleine Spülung aus einem Viertelliter warmem Wasser, einem Esslöffel Essig und dem Saft einer halben Zitrone.

Unterstützende Kräuter, Zusätze und ätherische Öle: Apfelessig, Fenchel, Weißdorn.

Richtig föhnen

Wann immer die Raumtemperatur und die Zeit es erlauben, sollte Haar luftgetrocknet werden. Zu heiße Föhnluft trocknet die Kopfhaut aus und macht auf die Dauer selbst gesundes Haar spröde und strohig. Wenn es doch einmal schneller gehen soll: Föhnen Sie das Haar mit mittlerer Hitze und aus einem Abstand von 20 Zentimetern.

Tipp

Das Haar immer erst in die entgegengesetzte Richtung föhnen, in der es später fallen soll.

Immer im Einsatz: Bürsten und Kämme

Einen wichtigen Beitrag zur gesunden Haarpflege und zum Gelingen unserer Frisuren leisten die richtigen Bürsten und Kämme. Beim Kauf sollten Sie darauf achten, dass die Bürsten entweder aus Naturmaterialien sind, oder aber ihre Borsten ummantelt.

Ausnahme: Nur fürs Föhnen eignen sich auch Bürsten mit abgerundeten Metallborsten gut. Diese Borsten heizen sich auf und beschleunigen dadurch das Trocknen. Ungeschützte Metallborsten können dagegen zu Verletzungen der Kopfhaut führen.

Grundsätzlich gilt: Je länger das Haar, desto breiter sollte der Bürstenkopf sein.

Föhnbürsten

Zum Föhnen reicht in der Regel eine Rund- oder Halbrundbürste aus. Für große Locken und glatte Föhnfrisuren nehmen Sie große Rundbürsten, für Korkenzieherlöckchen und einen kurzen Pony kleine Rundbürsten.

Kämme

Für viele unserer Frisuren, bei denen das exakte Ziehen eines Scheitels wichtig ist, brauchen Sie zusätzlich einen Stielkamm, wie Sie ihn aus dem Frisiersalon kennen.

Achten Sie beim Kauf auf Material, Verarbeitung und Form der Zinken. Je gröber die Zinken, desto pflegender geht der Kamm mit dem Haar um. Je feiner die Zinken, desto größer die Gefahr des Ziepens und Verhedderns einzelner Haarsträhnen. Das beste Material für Kämme ist Holz oder Horn, da es das Haar schont. Bei dichtem kräftigem Haar, besonders wenn es länger ist, könnte ein Kunststoffkamm schon mal brechen.

Kämme sind in letzter Zeit zwar etwas aus der Mode gekommen. Zum vorsichtigen Entwirren frisch gewaschener Haare ist ein breitzinkiger Kamm aber in jedem Fall das beste.

Tipp

»Nester« muss man nicht einfach ausschneiden, sondern kann sie ganz gezielt auskämmen. Nehmen Sie die vernestelte Haarsträhne fest in die Hand, und halten Sie diese mit einer Hand zusammen, während Sie mit dem Kamm von den Spitzen her vorsichtig nach oben kämmen.

Reinigung der Bürsten und Kämme

In Kamm oder Bürste fangen sich Schmutz, Staub und überschüssiges Fett. Für eine schonende Reinigung spülen Sie sie einmal wöchentlich mit Shampoo und warmem Wasser ab. Naturborsten besser regelmäßig unter fließendem, kaltem Wasser abspülen.

Profitipps für den Anfang

Um unsere schnellen und einfachen Frisurenideen nachzumachen, brauchen Sie keine besonderen Fähigkeiten. Mit ein wenig Übung gelingt es jeder Mutter (und jedem Vater), den Anleitungen zu folgen. Hatten Sie bisher immer das Gefühl, zwei linke Hände zu haben, wenn es ums Frisieren geht? Ihnen rutschen die Strähnen aus dem kunstvoll aufgetürmten Dutt, Zöpfe werden völlig ungleichmäßig, Haarreifen halten nicht, und ihre Tochter zappelt schon beim Kämmen so ungeduldig auf dem Stuhl, dass Sie froh sind, wenn Sie überhaupt eine Spange in ihr Haar schieben können? Vielleicht müssen Sie nur einige Handgriffe kennenlernen, die Ordnung ins Chaos bringen könnten, und sich nach sinnvollem Zubehör umschauen.

Den Haartyp bestimmen

Betrachten Sie das Haar Ihrer Tochter zunächst in Ruhe bei einfallendem Tageslicht. Wirkt es frisch, liegt es stark an, erkennen Sie Schuppen? Wie fühlt es sich an, ist es rau und störrisch, eher weich und fließend, fliegt und vernestelt es, fließt es satt durch die Finger?

- **Normales Haar** ist mitteldick, weder trocken noch fettig, leicht frisierbar, geschmeidig und glänzend.
- **Feines Haar** ist dünn und weich, Frisuren fallen schnell zusammen, aber es hat einen schönen Schimmer.
- **Fettiges Haar** ist meistens dünn und glatt, es sieht schnell schmierig und strähnig aus und es lässt sich schwer frisieren.
- **Mischhaar** ist am Ansatz fettig, fühlt sich aber in den Spitzen trocken an.
- **Trockenes Haar** ist meistens dick und häufig naturkraus.

Welche Frisur für mein Kind?

Meine Tochter hat	Diese Frisuren passen zu ihr
Kürzeres Haar mit Pony	Nr. 1 (Seite 26), 2 (Seite 28)
Kürzeres Haar ohne Pony	Nr. 3 (Seite 30), Nr. 4 (Seite 32), Nr. 14 (Seite 54), Nr. 16 (Seite 58), Nr. 19 (Seite 66), Nr. 22 (Seite 72)
Halblanges Haar	Nr. 3 (Seite 30), Nr. 4 (Seite 32), Nr. 5 (Seite 34), Nr. 6 (Seite 36), Nr. 7 (Seite 38), Nr. 9 (Seite 42), Nr. 14 (Seite 54), Nr. 16 (Seite 58), Nr. 17 (Seite 60), Nr. 19 (Seite 66), Nr. 21 (Seite 70), Nr. 22 (Seite 72)
Längeres Haar	Nr. 8 (Seite 40), Nr. 9 (Seite 42), Nr. 10 (Seite 44), Nr. 11 (Seite 46), Nr. 12 (Seite 48), Nr. 13 (Seite 52), Nr. 15 (Seite 56), Nr, 18 (Seite 62), Nr. 20 (Seite 68), Nr, 23 (Seite 74), Nr. 24 (Seite 76)

Die Basis ist der Schnitt

Grundlage für jede Frisur ist der Haarschnitt. Bei kleineren Kindern wählt der Friseur meist einen der klassischen Bobs, um die Haare möglichst pflegeleicht zu halten.

Auch bei dicken, kräftigen und naturkrausen Haaren empfiehlt sich ein **Bob**, also ein Schnitt mit ringsum gleichmäßiger Länge und entweder einem Seiten- oder Mittelscheitel. So fällt das Haar ganz natürlich, glänzt schön und kann mit Spangen, Haarreifen, Klammern oder Zopfgummi schnell aus dem Gesicht genommen werden.

Bei dünnerem Haar verleiht ein **Pony** dem Bob zusätzlichen Pfiff. Alternativ kann ein **Stufenschnitt** Volumen, mehr Lebendigkeit und Bewegung ins feinere Haar bringen. Generell sollte man in diesen Fällen mit Langhaarfrisuren vorsichtig sein. Bei einem länglichen und schmalen Gesicht sieht langes dünnes Haar mit Mittelscheitel fast immer langweilig und traurig aus.

Hat Ihre Tochter sehr klassische, gleichmäßige Gesichtszüge oder sehr kräftiges Haar, kann halblanges oder langes Haar dagegen ideal sein – vorausgesetzt, sie ist alt genug, auch die aufwendigere Pflege geduldig auf sich zu nehmen! **Langes Haar** bietet die größtmögliche Bandbreite zum Flechten und Hochstecken und kann dadurch jeden Tag neu aussehen.

Welche unserer Frisurenvorschläge Sie bei Ihrem Kind nachmachen können, finden Sie in nebenstehender Übersicht.

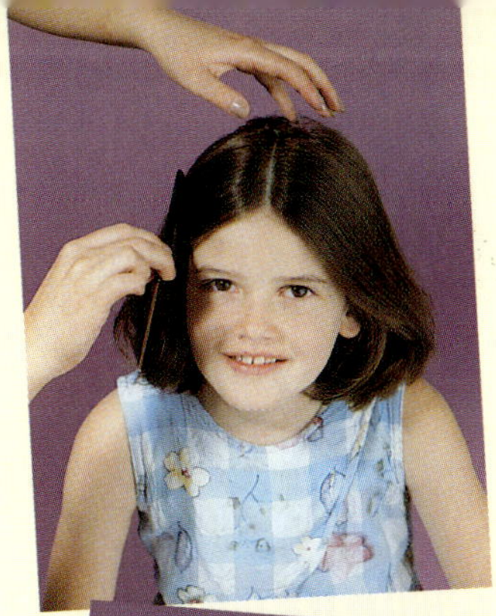

Partien einteilen

Frisöre beherrschen einen ganz einfachen Kniff, der alle Anfangsschwierigkeiten aus dem Weg räumt. Sie verschaffen sich zunächst einmal einen großen Überblick. Aus dem Blickwinkel des Frisörs können Kopf und Haare Ihres Kindes in Partien eingeteilt werden.

Als grobes Raster kann man einteilen: die Stirn – gibt es einen Pony oder nicht – die Schläfen, den Ober- und Hinterkopf. Dann ist noch wichtig, ob Ihr Kind einen Scheitel hat und ob dies ein Mittel- oder Seitenscheitel ist.

Die natürlichen Abschnitte, in die sich das Haar so aufteilen läßt, kann man durch große Haarclips oder Wellenreiter voneinander trennen

und gesondert flechten, aufstecken oder schmücken. Bei komplizierteren Frisuren kann man die einzelnen Haarpartien wiederum strähnenweise aufteilen.

Hat Ihre Tochter gleichmäßig langes Haar ohne erkennbaren Scheitel, ziehen Sie zunächst einen Scheitel vom linken Ohr bis zum rechten Ohr und einen von der Mitte der Stirn bis zum Nacken. Dann stecken Sie jede der vier entstandenen Haarpartien mit einer großen Klammer oder einem Wellenreiter fest. Schon herrscht die schönste Ordnung und nun können Sie in Ruhe jede Partie für sich allein »bearbeiten«.

Sie haben diese Vorgehensweise sicher schon bei Ihrem Frisör beobachtet, wenn er Ihnen die Haare schnitt. Die partienweise Behandlung machen wir uns auch beim Styling der Kinderfrisuren zu Nutze.

Flechten will gelernt sein

Mit welch einfachen Kniffen man die Haarsträhnen dazu bringt, sich willig einem Haarschmuck zu fügen, erklären wir jeweils bei den Anleitungen zu den einzelnen Frisuren. Die wichtigsten Flechttechniken erklären wir Ihnen Schritt für Schritt bei den Frisuren Nr. 20 und 24 auf den Seiten 68 und 76.

Kleines Haarschmuck-Brevier

Die benötigten Hilfsmittel sind bei der jeweiligen Frisur im Buch angegeben.

Vor allem brauchen Sie natürlich verschiedene witzige Haarklemmen, Spangen und anderen Haarschmuck, der zur Haarfarbe und -länge Ihrer Tochter, zur Kleidung und zum Anlass passt.

- Als **Haarklammer** bezeichnen wir im Buch die Wasserwellklammern beliebiger Größe, die in den letzten Jahren immer mehr in Mode gekommen sind. Zu Recht, denn die praktischen Klammern halten, blitzschnell gesetzt und mit sicherem Zugriff, von kleinen Haarsträhnen bis zu ganzen Pferdeschwänzen und »Bananen« alles im Zaum.
- Ein **Haarreifen** (vergleichen Sie Seite 66) ist unentbehrlich für Mädchen mit gleichmäßig langem Haar ohne Pony. Die Bandbreite an Farben, Formen und Verzierungen ist schier unerschöpflich. Für empfindliche Kinderköpfe sind die weichen **Stirnbänder**, die sich noch in den sechziger Jahren größerer Beliebtheit erfreuten, eigentlich praktischer, die Frisur halten sie allerdings nicht ganz so zuverlässig. Eine modische Alternative ist der federleichte **Haarkranz**, den wir bei der Zickzackfrisur auf Seite 52 kennenlernen.
- Auf größeren Mädchenköpfen hält ein hübsch verzierter **Steckkamm** breitere Haarpartien zurück oder bändigt einzelne widerspenstigen Härchen, die bei einer Hochfrisur aus der Reihe tanzen wollen.

Haarnadeln gibt es in vielen Größen und je nachdem, ob sie sichtbar sein sollen, mit oder ohne Verzierungen. Von der dünnen **Bobby-Pin** oder Zierklemme bis zur geschwungenen langen **Stabnadel** sind sie wichtiges Zubehör bei Langhaarfrisuren, bei denen alles seine Ordnung haben soll.

Haarspangen gibt es in solcher Hülle und Fülle, dass man sie fast zu Sammlerobjekten erklären kann. Für einfache Pferdeschwänzchen und kürzeres Kinderhaar sind die **Patentspangen** am beliebtesten. Bei den Kleinsten oder wenn die Spange nicht vom Kopf wegstehen soll ist ein flacher **Haarclip** mit Verschluss (oder **Schlafclip** ohne Verschluss, der nur ins Haar geschoben wird) noch ratsamer. Patentspangen gibt es mit unzähligen Motiven und in allen Größen von miniklein bis zur kunstvollen Mozartschleife für den besonderen Auftritt. Bei solchem Zubehör kommt jede Frisur groß raus!

Ein unentbehrlicher Helfer ist nicht zuletzt der gute alte **Haargummi**. Am besten für kleinere Kinder sind die weichen **Frotteeringe**, die garantiert nicht ziepen. Wenn der Gummi mehr aushalten soll, verwenden Sie lieber die festeren, aber flexiblen **Zopfgummis** bzw. Zopfringe die es ebenfalls in mehreren Farben gibt. Zu dieser Kategorie gehören auch die altbekannten Zopfhalter mit Gummiverschluss und die längeren Zopfgummis mit Verzierungen wie Kirschen, Sonnen, Bären oder Herzen als Abschluss, die man ineinander schlingt.

Für dicke Zöpfe oder Pferdeschwänze sind die weichen **Haarbänder** aus Stoff schön. Im Handel findet man Haarbänder auch unter der Bezeichnung Haarrosette oder Haarschmuckring und in einem Riesenangebot an Stoffen, Farben und Designs.

Haarperlen

Haarperlen sind zur Zeit besonders im Trend. Es gibt sie z.B. in Form von kleinen Herzen und farbigen Schleifchen. Man zieht sie nicht wie andere Verzierungen auf Bänder auf und flicht diese dann in einen Zopf ein, sondern macht sie direkt ins Haar. Als Hilfsmittel benutzt man eine kleine Schlinge.

Das geht so: Erst eine Perle ganz über die Schlinge schieben, dann eine dünne Haarsträhne durch die Öffnung der Schlinge fädeln, die Perle über die Haarsträhne zurückziehen – und schon hängt die Perle im Haar.

Wenn man auf diese Weise mit etwas Geduld mehrere Perlen auf eine Strähne gezogen hat, kann man diese sehr dekorativ in einem Zopf verarbeiten oder die einfache Strähne mit einem Bändchen abschließen, damit die Perlen nicht aus dem Haar rutschen.

Schickes und Witziges für jeden Tag

Eine praktische Frisur, die alles mitmacht, wünscht sich auch Ihr Kind. Keine Angst! Damit das Haar auch nach längerem »Einsatz« noch gepflegt aussieht, müssen Sie keine Künstlerin sein. Selbst wenn die Haare schon länger keine Schere mehr gesehen haben, kann man mit den richtigen Accessoires viel erreichen. Ob zum Toben mit Freunden, in der Schule, im Ballett oder auf dem Sportplatz – mit einer der folgenden Frisuren ist Ihre Tochter immer richtig gestylt – »cool« und doch nicht zu püppchenhaft herausgeputzt!

Wir zeigen Ihnen auf den folgenden Seiten zwölf Frisuren, die Sie spielend leicht nachmachen können. Sie werden dabei auch Klassikern aus der eigenen Kindheit wie dem Pferdeschwanz oder den Zöpfen wieder begegnen. Aber mit unseren Profitricks erfahren Sie, wie die Frisuren lange halten und wie sie mit guten Ideen immer wieder neu aussehen.

- Ob langes, halblanges oder kürzeres Haar, ob Schulkind oder Teenie – Sie finden auch für Ihre Tochter einen Stylingvorschlag
- Mit Spängchen und Klammern das Haar aus dem Gesicht halten
- Den Pony schön in Szene setzen
- Haarschmuck richtig nutzen
- Schnell und immer eine gute Lösung – der Haarreifen

RAFFINIERTES für die ganz Kleinen

Schon bei einem vierjährigen Mädchen kann man mit einem Haarreifen viel erreichen. Allerdings ist nicht zu erwarten, dass es ihn lange an Ort und Stelle belässt!

Zur Technik

Die beste Voraussetzung dafür, dass ein Haarreifen gut hält, ist natürlich, dass er die passende Größe hat.

Es gibt heute für jede Kopfgröße eine Riesenauswahl an Reifen. Ob Ihre Tochter Samt und Seide liebt, begeistert nach farbenfrohen Modellen greift oder sich in verzierten und geschmückten Reifen am wohlsten fühlt – Sie finden sicher das Richtige!

Ideal für Ponyfrisuren

Diese Variante des klassischen Haarreifens ist besonders gut für Kinder mit Pony geeignet. Auf den Seiten 52, 58 und 66 sehen Sie, wie man Reifen auch bei anderen Grundschnitten verwendet, so dass sie das Gesicht hübsch umrahmen und verhindern, dass die Haare Ihrem Kind ständig in die Augen hängen.

Das brauchen Sie

- Einen Kamm
- Einen passenden Haarreifen

Schritt für Schritt zum Erfolg

Auch bei dünnem Kinderhaar hält diese Frisur, wenn man sie gut vorbereitet und den Reifen behutsam feststeckt.

1 Halten Sie den Haarreifen bereit. Bürsten Sie das Haar, bis es glatt und weich fällt.

2 Wenn Ihre Tochter so lange still hält, wäre es gut, das ganze Haar auch noch zu kämmen. Bei entsprechender Geduld und Zeit die Spitzen sanft über eine Rundbürste zu föhnen.

3 In jedem Fall sollten Sie den Pony nach vorne kämmen.

4 Nun nehmen Sie hinter dem Pony eine breite Strähne, teilen sie in der Mitte und kreuzen die beiden Teile.

5 Die Strähnen auf dem Deckhaar festhalten und den Haarreifen von schräg oben kommend so aufstecken, dass er die Strähnen festhält.

6 Wer's perfekt mag, kann nochmals nachkämmen und das Haar an der Seite mit den Fingern wellen.

Profitrick

Mit ein wenig Geschicklichkeit können Sie den Reifen noch nach vorne schieben, dann bauscht sich das Haar auf und erhöht optisch den Kopf.

Nehmen Sie nur Reifen, die Ihr Kind nicht von vornherein ablehnt, sonst war die ganze Mühe umsonst.

Nehmen Sie keine Reifen, die zu groß oder zu klein sind. Die einen drücken, die andern halten die Frisur nicht fest.

Haben Sie's gewusst: Blondinen haben mehr Haare als Schwarzhaarige, Brünette oder Rothaarige. Und zwar bis zu 40 Prozent mehr – dafür ist das einzelne Haar feiner. Es kommt mit einem präzisen Schnitt am besten zur Geltung. Noch merkt man Annabelles Haar an, dass es leicht »fliegt«. Diese Struktur ist typisch für das Haar vieler kleiner Kinder.

RASIERPINSEL

Immer wieder ein »Renner« ist der unkomplizierte Rasierpinsel. Diese Frisur, die man auch »Wasserfall« nennt, sieht bei kleinen Mädchen einfach umwerfend aus.

Vor allem, wenn Ihre Tochter Temperament hat wie Annabelle und von Haus aus witzig und gutmütig ist, wird sie mit diesem einfachen Stylingtrick einfach unwiderstehlich niedlich aussehen.

Die Frisur ist spielend leicht nachgemacht. Und es gibt sogar verschiedene Methoden. Diese hier ist besonders praktisch, weil sie als Handbewegung fast nebenbei geht – Ihre Tochter muss nicht einmal still sitzen.

Zur Technik

Hier kommt es nicht auf Geschicklichkeit und Knowhow an. Diese Frisur ist wirklich im Handumdrehen fertig.

Ideal für Ponyfrisuren

Diese »Frisur« ist natürlich nur für ganz kleine Mädchen geeignet. Richtig gut kommt sie bei einem Stirnpony zur Geltung. Ob sie bei Ihrer Tochter gut aussieht, wenn sie einen anderen Grundschnitt hat, müssen Sie ausprobieren.

Das brauchen Sie

- Kamm oder Bürste
- Zwei gleich große Haarklammern oder einen Frotteering

Schritt für Schritt zum Erfolg

Für alle, die den Rasierpinsel einmal nicht mit einem Haargummi oder mit einem Haarbändchen machen möchten, bietet sich diese ganz unkomplizierte Alternative an.

1 Sie legen die beiden Haarklammern in erreichbare Nähe und bürsten oder kämmen das Haar einmal gut durch.

2 Greifen Sie behutsam ein Büschel Haare hinter dem Pony, möglichst genau auf der Mitte des Oberkopfes.

3 Mit einer Haarklammer senkrecht feststecken. Der Trick dabei ist, die Haarklammer aufrecht, nicht seitlich ins Haar zu stecken!

4 Schon eine Klammer hält die Haare fest. Zur Sicherheit oder als Gag können Sie aber, wie hier im Foto abgebildet, noch eine zweite Klammer dagegen stecken.
Die Frisur hält super und macht »schön«!

Wenn Ihre Tochter Locken hat und ihr die Idee gefällt, können Sie einen kleinen »Wasserfall« machen. Dazu wird das Haar wie hier am Oberkopf zusammengenommen. Bei lockigem Haar integriert sich der Wasserfall noch stärker in die Gesamtstruktur.

Profitricks

- Wenn Ihre Tochter keinen Pony hat, müssen Sie das Haar von den Schläfen und von der Stirn aus zusammennehmen.
- Ausprobieren, ob es gut aussieht. Diese Variante können Sie nicht mit Haarklammern befestigen, Sie nehmen besser ein dickes Haarband.
- Haarklammern oder Spangen passend zur Kleidung aussuchen.

Richtig praktisch – SPÄNGCHEN

Für kleine Mädchen, die die Welt entdecken wollen, sind kunstvolle Aufbauten auf dem Kopf denkbar ungeeignet. Gerade für Franziska, die so gerne hüpft und springt, muss eine Frisur vor allem richtig viel aushalten. Hier bieten die neuen Haarklammern eine optimale Lösung. Es gibt sie in allen Farben, glitzernd oder matt und in allen möglichen Formen.

Zur Technik

Beim Feststecken müssen Sie darauf achten, zu unterscheiden, welche der Klammern das Haar festhalten sollen und welche zusätzlich als Schmuck dienen!

Ideal für Seiten- oder Mittelscheitel

Diese Spängchen-Lösung ist prima geeignet für Mädchen, die einen Scheitel tragen oder sich ihn für diese Frisur machen lassen. Je dicker das Haar ist, desto schwieriger ist es übrigens, eine Harmonie zwischen Haar und Haarspangen zu finden. Denn wenn Spangen im Haar verschwinden oder das Haar über und

Das brauchen Sie

- Bürste oder Kamm
- Für jede Seite eine oder zwei Spangen oder Haarklammern
- Weitere Spangen oder Bobby-Pins für den dekorativen Effekt

unter den Spangen zu sehr bauscht, ist eine Lösung wie bei Janina auf Seite 44 besser.

Schritt für Schritt zum Erfolg

Natürlich kann man Spangen einfach ins Haar schieben und das Beste hoffen! Wir zeigen Ihnen hier, wie sie wirklich halten.

1 Legen Sie die Haarklammern oder Spangen bereit.

2 Kämmen oder bürsten Sie das Haar einmal gut durch.

3 Ziehen Sie wie auf den Seiten 21 und 22 beschrieben einen Seiten- oder Mittelscheitel.

4 Klemmen Sie zuerst die Spangen oder Haarklammern fest, die das Haar links und rechts befestigen sollen.

5 Wenn diese gut halten, nehmen Sie kleinere dazu, wie Sie mögen.

Profitricks

- Probieren Sie aus, wie viel Haar jede Spange hält. Nimmt man zu wenig Haar, rutscht die Spange heraus. Nimmt man zu viel, geht sie leicht auf.
- Es gibt für jeden Haartyp die passende Spange. Die Regel hierfür ist einfach. Je dicker das Haar ist, umso mehr Platz muss zwischen der Ober- und der Unterseite der Spange sein!
- Bei den Schmuckspangen reicht es, sie locker ins Haar zu stecken, da sie kein Gewicht halten müssen.

Der Trick, der mehr daraus macht, ist: Außer den Spangen, die das Haar wirklich festhalten, schieben Sie auf einer Seite noch kleine Bobby-Pins oder Clips ins Haar. Dann macht es nichts, wenn die Spange nicht so »lustig« ist. Die Pins kosten nicht viel, und die Auswahl ist riesig!

IMMER EINE GUTE LÖSUNG

Wahrscheinlich machen sich Mädchen und Frauen schon seit Anbeginn der Zeit Zöpfe und »Rattenschwänze«, um ihr langes Haar zu bändigen. Sie können ein Gesicht sehr verändern und wirken ganz unterschiedlich – mal ordentlich und brav, mal unternehmungslustig.
Je weiter nach oben man sie setzt, umso witziger ist der Effekt. Sie erinnern sich sicher noch an Pippi Langstrumpf, der ihre dünnen Zöpfe immer weit über den Ohren vom Kopf standen! Das Gleiche gilt für Rattenschwänze. Je nachdem, wo man sie seitlich festmacht, wirken sie eher streng oder eher lebhaft.

Die richtige Pflege für jeden Farbtyp

Die folgenden Heilpflanzen bzw. ihre ätherischen Öle eignen sich für pflegende Spülungen, die auf die Haarfarbe abgestimmt sein sollen und ihr zu besonderem Glanz verhelfen:
Helles Haar: Löwenzahnblüten, Rhabarber (hellt auf), Römische Kamille, Zitrone
Dunkles Haar: Birke und Brennessel (bei Schuppen), Malve (bei sprödem Haar), Rosenholzöl, Rosmarin (ebenfalls bei Schuppen), Sandelholzöl, Schachtelhalm (bei fettigem Haar), Walnuss (tönt)

Zur Technik

Auf drei Dinge sollte man achten, damit Rattenschwänze gut wirken:

- Wählen Sie den besten »Platz«. Wenn ein Mädchen wie Teresa eher unbekümmert und temperamentvoll ist, können die Rattenschwänze relativ weit oben an der Seite sitzen.
- Für einen braveren Eindruck weiter unten ansetzen.
- In jedem Fall müssen beide Zöpfe auf gleicher Höhe sitzen.

Ideal für alle Mädchen

Nur ganz selten einmal wird sich ein Mädchen finden, dem Zöpfe wirklich nicht stehen. Geflochtene Zöpfe können bei sehr dünnem Haar in Kombination mit einem länglichen oder einem sehr pausbäckigen Gesicht etwas traurig und kümmerlich aussehen. Dann sind Rattenschwänze bestimmt eine gute Alternative.

Das brauchen Sie

- Kamm oder Bürste
- Haargummi im Ton der Haarfarbe
- Zopfhalter oder Spangen zur Zierde

Schritt für Schritt zum Erfolg

Mit ein wenig Aufmerksamkeit machen Sie Ihrer Tochter die schönsten Zöpfe!

1 Kämmen oder bürsten Sie das Haar einmal gut durch, bis es weich fällt.

2 Ziehen Sie einen sauberen Mittelscheitel. Hinter dem Pony am Oberkopf beginnen.

3 Stecken Sie das Haar auf einer Seite mit einer großen Haarklammer fest.

4 Die andere Seite nochmals sorgfältig bürsten oder kämmen. Das Haar zum Rattenschwanz zusammenfassen – an der Stelle, an der sie bei Ihrer Tochter am besten aussehen.

5 Den Rattenschwanz mit einem Haargummi im Ton der Haarfarbe fest umwickeln.

6 Einen hübschen Zopfhalter als Zierde darum geben und fest zumachen.

7 Den Rattenschwanz auf der anderen Seite und gleicher Höhe ebenso befestigen.

Teresa stehen die offenen Rattenschwänze am besten. Vielleicht sehen bei Ihrer Tochter auch die früher so beliebten »Affenschaukeln« gut aus. Dazu müssen die geflochtenen Zöpfe nur lang genug sein, um einen kleinen Kreis zu machen, den man hinten mit einem Zopfhalter schließt.

Profitricks

- Haarschmuck passend zur Kleidung oder zum Anlass wählen.
- Wenn Sie gerade keine passende Zopfspange finden: Die Möglichkeiten zum Verzieren sind unbegrenzt. Auch bunte Geschenk- oder Lederbändchen sehen witzig aus.
- Die Zopfgummis oder -spangen nicht zum Festhalten der Zöpfe verwenden, sondern nur zur Zierde.

EIN GESTECKTES »NETZ«

Eine Blumenwiese auf dem Kopf, das Haar voller Schmetterlinge oder Bärchen – das muss kein Traum bleiben. Die neuen, praktischen Haarklämmchen gibt es in einer Vielzahl von Motiven und Farben. Wie hier bei Teresa kann man mit ihnen perfekt die natürliche Haar- und Augenfarbe und den Teint betonen. Sicher finden Sie auch für Ihre Tochter passendes Zubehör!

Variante: Ganzes Netz

Wer besonders geduldig ist – und eine ebenso geduldige Tochter hat –, kann das Netz auch übers gesamte Haar ziehen. Doch diese Mühe lohnt sicher nur bei besonderen Anlässen. Besorgen Sie rechtzeitig genügend passende Klämmerchen und für den Abschluss unten farblich passende Zopfhalter oder -gummis.

Zur Technik

Wenn man einmal das Prinzip »durchschaut« hat, ist die Frisur ausgesprochen einfach nachzumachen. Es kommt in erster Linie darauf an, das Haar in gleich breite Strähnchen einzuteilen und die Klammern an der richtigen Stelle zu setzen, bevor man die Strähne teilt und mit einer anderen so zusammenführt, dass der netzartige Effekt entsteht. Etwas Augenmaß ist nötig, um die Strähnen gleichmäßig und sauber zu trennen. Es macht ja nichts, wenn Sie es ein paar Mal üben!

Tipp

Verwenden Sie bei »fliegendem« Haar nur Kämme und Bürsten aus Naturmaterialien, und besprühen Sie sie vor Gebrauch mit Haarspray oder Sprühfestiger. Pflegeprodukte geben dem Haar Fett und/oder Feuchtigkeit zurück. Tipp für zwischendurch: Hände reiben (evtl. mit einem Klecks Creme) und über die Frisur streichen.

Ideal für schulterlanges, glattes Haar

Diese Frisur sieht bei halblangem, glattem Haar besonders gut aus. Sie belebt aber auch langes Haar und bändigt andererseits selbst eine starke Naturkrause.

Das brauchen Sie

- Bürste oder Kamm
- Stielkamm
- Mindestens zehn passende Haarklämmerchen

Schritt für Schritt zum Erfolg

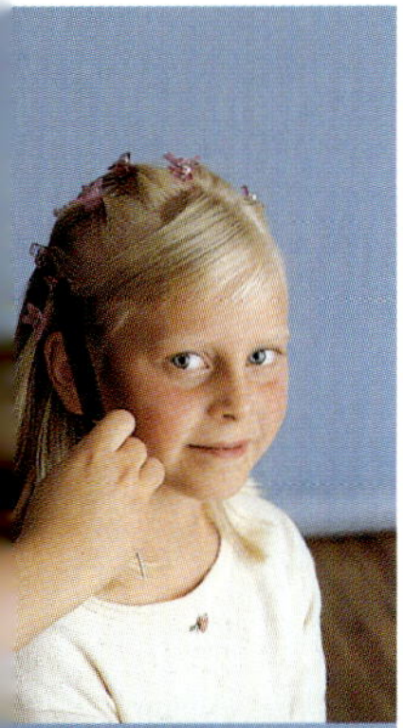

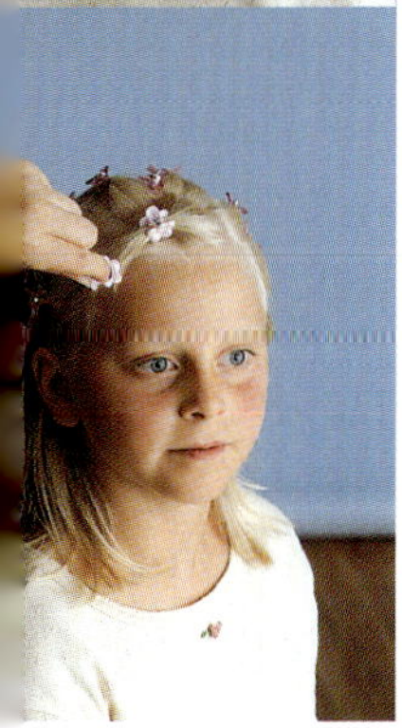

Je nach der Art der ausgesuchten Klammern-Motive kann man das Netz schlichter Ton in Ton halten oder es schrill und quietschbunt gestalten. Sie werden sehen, dass diese Frisur ganz anders wirkt, wenn sie statt der Schmetterlinge zartfarbene Blumen oder knallbunte Früchte verwenden.

1 Bürsten oder kämmen Sie Ihrer Tochter das Haar, bis es gut fällt.

2 Dann beginnen Sie das Haupthaar in mehrere gleichmäßige Strähnchen zu teilen. Sie stecken jedes Strähnchen in etwa vier Zentimeter Abstand von der Stirn am Kopf fest.

3 Wenn Sie den ganzen Kopf auf diese Weise mit Klämmerchen geschmückt haben, teilen Sie eine der Strähnen und führen die halbe Strähne mit einer anderen halben Strähne zusammen.

Gerade bei so feinen Haaren sieht dieses gesteckte Netz wunderschön und mädchenhaft aus. Die Frisur selbst ist längst nicht so zerbrechlich wie sie auf dem Foto wirkt, da die Haarklämmerchen sehr gut im Haar sitzen.

4 Die neu entstandene Strähne etwa vier Zentimeter unterhalb des ersten Klammernkranzes feststecken.

5 Auf diese Weise weitermachen, bis Sie zwei oder drei Reihen von Spangen gesteckt haben.

Profitricks

Wenn Ihre Tochter einen Pony hat, teilen Sie ihn sauber ab und stecken ihn mit einer größeren Haarklammer fest. Wenn das restliche Haar festgesteckt ist, den Pony kämmen und eigens mit zwei oder drei kleinen Klammern feststecken.

KEINE HALBE SACHE

Bei allen Kindern sieht bunter Haarschmuck toll aus. Wenn Sie das Glück haben, irgendwo ein Motiv zu finden, das gut zum Wesen Ihrer Tochter passt, sollten Sie es unbedingt kaufen. Kinder brauchen nicht unendliche Vielfalt, um gut auszusehen und sich wohl zu fühlen – aber wenn ein Accessoire das Richtige ist, dann wird es schnell ein Lieblingsstück. Die Haarschmuckhersteller halten heute eine solche Fülle von Formen und Farben bereit, dass es einfach ist, einige Haarbändchen zu finden, die das Temperament und die natürlichen Farben Ihrer Tochter unterstreichen.

Ideal für alle Kinder

Ob mit oder ohne Pony und bei jeder Haarstruktur– diese Frisur sieht immer super aus. Sobald das Haar lang genug für einen Pferdeschwanz ist, brauchen Sie für einen maximalen Effekt nur einen hübschen Haarschmuck. Vielleicht mag Ihre Tochter das Haarband oder die Rosette selbst aussuchen wie hier Marie-Therese, oder Sie haben finden ein besonderes Stück als Mitbringsel. Probieren Sie selbst aus, wo bei Ihrer Tochter Pferdeschwanz und Haarschmuck am schönsten sitzen.

Das brauchen Sie

- Kamm oder Bürste
- Einen Haargummi
- Ein Schmuckband fürs Haar

Schritt für Schritt zum Erfolg

So kann man auch einen Klassiker wie den guten alten Pferdeschwanz immer wieder neu aufpeppen!

1 Legen Sie einen Haargummi und das Haarband in erreichbare Nähe.

2 Bürsten oder kämmen Sie Ihrer Tochter das Haar, bis es glatt fällt.

3 Teilen Sie das Haar mit einem Mittelscheitel und stecken Sie eine Seite mit einer großen Haarklemme fest.

4 Auf der anderen Seite nehmen Sie das Haar zu einem Pferdeschwanz zusammen und halten ihn am Oberkopf fest.

5 Den Pferdeschwanz mit dem Haargummi festmachen.

6 Das Haarband als Schmuck so festmachen, dass es gut zur Geltung kommt.

Vor allem ernsthafte, intelligente Mädchen widerstreben häufig den Verschönerungswünschen ihrer Mütter. Dafür haben sie fast immer Humor und Sinn für Ungewöhnliches. Unser kesser Seitenzopf dürfte in diesem Fall schon eher nach dem Geschmack Ihrer Tochter sein. Vor allem, wenn sie sich den Haarschmuck selbst ausgesucht haben.

Profitricks

- Nie das Schmuckband nehmen, um den Pferdeschwanz festzuhalten. Wenn Gewicht auf dem Haarband liegt, rutscht es schneller heraus.
- Sie können mit unauffälligeren Haarbändern natürlich auch auf jeder Seite einen Pferdeschwanz machen.
- Kürzere Haare, die am Hinterkopf abstehen, einfach mit farblich passenden Spangen oder Bobby Pins feststecken.

DISKRETER CHARME

Diese ebenso einfache wie effektvolle Frisur ist ein Geheimtipp, wenn Ihre Tochter besonders ordentlich und »prinzessinenhaft« aussehen soll. So wird sie nicht nur die ganze Verwandtschaft entzücken, sondern sich auch noch wohl und nicht zu sehr »hergerichtet« fühlen – übrigens nicht nur für einen Wildfang wie Marie-Therese ein wichtiger Aspekt... Diese Frisur ist besonders gut für etwa schulterlanges Haar und einen Pony geeignet.

Wichtig fürs gute Gelingen sind in erster Linie gut getrennte Seitenscheitel. Je sauberer und routinierter Sie arbeiten, umso gefälliger sieht die Prinzessinnenfrisur aus.

Haarbänder selbstgemacht

Dicke, weiche Haarbänder sind ein hübscher Abschluss für einen dicken Zopf oder Pferdeschwanz. Mit ein wenig Geschick kann man sie ganz einfach selbst machen – besonders praktisch, wenn Sie Stoffreste von einem Kleid oder Karnevalskostüm Ihrer Tochter haben und dazu einen passenden Haarschmuck brauchen.

- Aus dem Stoffrest nähen Sie einen Tunnel. Einfachen Hosenbandgummi hineinziehen und fixieren. Die beiden Enden des Tunnels verbinden und zusammennähen – fertig!

Das brauchen Sie

- Einen Haargummi
- Ein oder zwei Zopfgummis
- Am besten einen Stielkamm

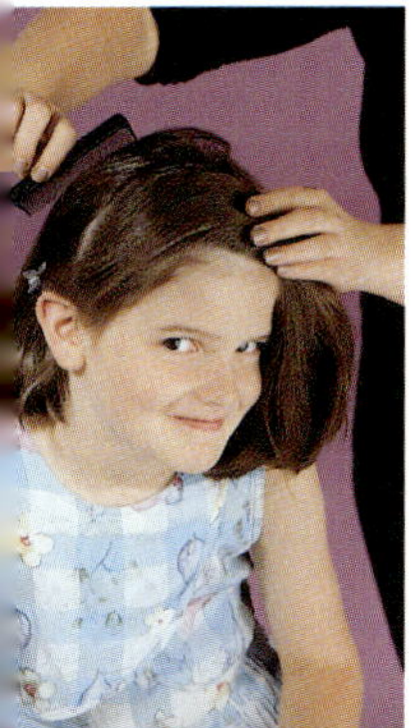

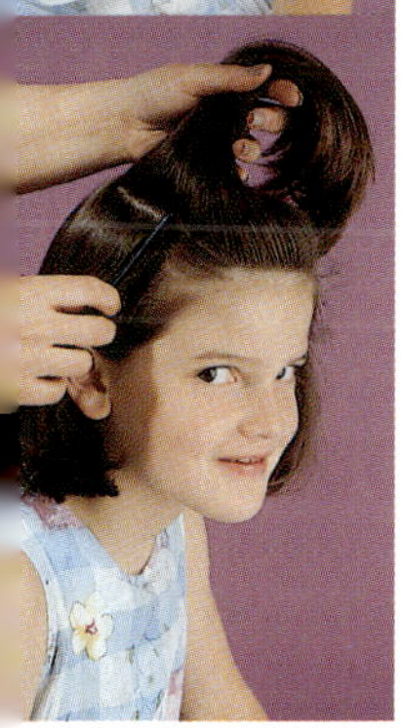

Schritt für Schritt zum Erfolg

Wenn sich Ihre Tochter die Zopfhalter oder -spangen selbst ausgesucht hat, wird sie die kurze Wartezeit, bis die Frisur fertig ist, in Kauf nehmen.

1 Legen Sie einen Haargummi und einen Zopfhalter in erreichbare Nähe.

2 Bürsten oder kämmen Sie Ihrer Tochter das Haar, bis es glatt fällt.

3 Kämmen Sie den Pony, wenn vorhanden, sorgfältig nach vorn.

4 Ziehen Sie auf jeder Seite einen Seitenscheitel. Achtung: Die Scheitel sollten möglichst exakt auf derselben Höhe sitzen.

5 Das abgeteilte Haar nach oben nehmen und nicht zu eng an der Kopfhaut mit einem Haargummi zusammennehmen.

6 Um den Haargummi den ausgesuchten Zopfhalter als Schmuck wickeln.

Profitricks

- Zopfspange am besten passend zur Kleidung wählen.
- Toll sehen auch zwei passende Zopfspangen übereinander aus.
- Man kann auch eine geeignete Haarhalter – zum Beispiel mit Blumenmotiv – als Schmuck direkt am Haargummi festmachen.
- Nie das Haar mit dem Haarschmuck befestigen! Immer erst einen unauffälligen Haargummi nehmen.

Obwohl es zur Zeit total »in« ist, das Haar gescheitelt und eng am Kopf anliegend zu tragen, kommt das zarte Gesicht junger Mädchen besser zur Geltung, wenn man es nach oben nimmt. Je besser Frisur und Kleidung zu einander passen, desto stimmiger und harmonischer ist das gesamte Erscheinungsbild. Die Prinzessinenfrisur passt perfekt zu den zarten Farben.

TOLLER ZICKZACKEFFEKT!

Diese Frisur sieht viel komplizierter und aufwendiger aus, als sie ist. Der ungewöhnliche Effekt entsteht Dank des Zickzack-Scheitels, der momentan ganz »in« ist. Kombiniert mit den gedrehten Strähnen und einem auffälligen Haarschmuck wird aus dieser Frisur ein interessanter Stylingvorschlag.

Kleiner Test

Damit der Abschied von unrealistischen Vorstellungen leichter fällt oder Sie vielleicht sogar eine Inspiration für eine positive Veränderung bekommen, empfiehlt sich folgende kleine Übung.

- Nehmen Sie ein Foto Ihrer Tochter, schneiden Sie das Gesicht ohne die Haare aus, und kleben Sie das Bild auf ein Stück Papier.
- Lassen Sie Ihr Kind dann in einer Modezeitschrift Traumfrisuren in der passenden Größe aussuchen, und probieren Sie gemeinsam diese »Perücken« auf.
- Alternativ lassen Sie Ihr Kind mit Farbstiften verschiedene Stylingmöglichkeiten auf Papier malen und dann ausschneiden. Das Ergebnis ist bestimmt lustig!

Zur Technik

Der Zickzack-Scheitel ist ebenso wie die Zickzackreifen neu und topaktuell. Man braucht für einen sauberen Effekt einen Stielkamm, denn nur mit ihm kann man das Haar so exakt teilen, wie man es in unseren Fotos sieht.

Ideal für glattes Haar

Diese Frisur ist ideal für längeres und glattes Haar. Der Zickzack-Scheitel kommt am besten zur Geltung, wenn Ihre Tochter keinen Pony trägt, sondern wie Alexandra gleichmäßig langes Haar. Hier wirkt der außergewöhnliche Effekt am schönsten.

Das brauchen Sie

- Einen Stielkamm
- Vier bis fünf größere Haarklammern mit Motiven nach Wahl (wie im beiliegenden Set)

Schritt für Schritt zum Erfolg

Mit der Vielfalt der praktischen Haarklammern, die es heute in vielen bunten Farben und mit unterschiedlichsten Motiven wie Schmetterlingen oder Blumen gibt, kann man selbst in aller Eile noch schnell eine nette Frisur machen, die lange hält, die Haare aus dem Gesicht nimmt – und die doch nicht jede hat, denn ein kleiner Kniff ist schon dabei!

1 Sie kämmen das Haar nach hinten und lassen es locker fallen.

2 Mit einem Stielkamm rechts oder links am Kopf beginnend seitlich ins Haar gehen und den Kamm einfach in einer Zickzack-Bewegung von vorne nach hinten führen.

3 Die abgeteilte Strähne hochheben, nach hinten drehen und mit einer Klammer feststecken.

4 Drei oder vier weitere Strähnen wie die erste setzen.

Toppaktuell ist in diesem Sommer der Zickzack-Scheitel, der das Zeug hat, zu einem beliebten Klassiker zu werden. Er sieht raffiniert und interessant aus – und ist dabei so einfach zu machen. Folgen Sie einfach unserer Anleitung und lassen Sie sich überraschen.

Profitricks

- Sie müssen ausprobieren, ob es Ihrer Tochter steht, wenn Sie am Mittelscheitel beginnen – sonst setzen Sie rechts bzw. links von der Mitte des Kopfes mit der ersten Strähne an.
- Ziehen Sie das Zickzack-Muster möglichst gleichmäßig nach oben und unten. Bei großen Abweichungen sieht das Muster leider rasch schlampig aus.
- Bei Naturkrause oder starken Wellen können Sie die Klämmerchen im Stirnhaar befestigen.

EINE PFIFFIGE IDEE

Ganz schnell und einfach ist diese Frisur, die so ungewöhnlich ist, dass die Freundinnen Ihrer Tochter sicher ein wenig neidisch werden ... Dabei ist auch dieser witzige, fantasievolle »Pfeifenkopf« im Handumdrehen fertig!

Zur Technik

Wenn man den Anfang geschafft hat und das Haar in vier großen Partien festgesteckt ist, muss man nur die Geduld aufbringen, acht bis zwölf schmale Pferdeschwänze zu machen. Das Umwickeln mit den Pfeifenreinigern dauert insgesamt etwa vier Minuten. Doch das beste an dieser Idee ist, dass die Frisur einen ganzen Tag lang hält und dabei selbst Sportstunden ziemlich unbeschadet übersteht.

Ideal für kleine Sportlerinnen

Diese Frisur ist immer in Bewegung. Trotzdem hält sie die Haare zuverlässig aus dem Gesicht. Nur wenn Ihre Tochter im Freien tobt, ist die Pfeifenreiniger-Frisur nicht empfehlenswert. Das Haar könnte im Gebüsch hängen bleiben und so »vernesteln«.

Das brauchen Sie

- Kamm oder Bürste
- acht bis zwölf kleine Haargummis
- acht bis zwölf Pfeifenreiniger (gibt es in vielen Farben und auch bunt)

Schritt für Schritt zum Erfolg

Diese Frisur ist gut für Mädchen ab neun Jahren geeignet. Man muss schon eine Weile so brav stillsitzen können wie Alexandra, bis sie fertig ist.

1 Legen Sie acht bis zwölf Haargummis und ebenso viele Pfeifenreiniger (gibt es im Tabakladen) in erreichbare Nähre.

2 Bürsten Sie Ihrer Tochter das Haar, bis es locker fällt.

3 Teilen Sie die Haarpracht in vier Partien (Seite 21).

4 Sie lösen eine Klammer und machen aus der Partie zwei bis drei dünne Pferdeschwänze. Jeweils mit einem Haargummi dicht am Kopf befestigen.

5 Partie bis Partie fertig machen, bis das ganze Haar in Pferdeschwänzchen abgeteilt ist.

Die Pfeifenreiniger stehen lustig vom Kopf und wirken dabei weich und kratzbürstig zugleich. Natürlich können Sie statt der Pfeifenreiniger auch Bändchen, Zopfhalter oder Schleifen verwenden. Der Fantasie sind hier keine Grenzen gesetzt.

Profitricks:

- Ebenso gut wie die Pfeifenreiniger wirken auch lustige Bändchen oder besonders witzig verzierte Spängchen.
- Die gleiche Einteilung der Haare ist ein »Muss«, wenn Sie Ihrer Tochter mit Papilloten Locken machen wollen. Vorsicht: Keine Haargummis verwenden, wenn Sie die Papilloten über Nacht am Kopf trocknen lassen möchten.

6 Zum Schluss je einen Pfeifenreiniger um das Haarbändchen wickeln – fertig!

GEBÄNDIGTE WALLEMÄHNE

Glücklich, wer eine so herrliche Naturkrause – und einige Stylingideen hat! Bei Janina wirkt schon die Löwenmähne allein als flammender Schmuck. Die kunstvoll gesetzten Klämmerchen nehmen dem Haar nichts von seiner Leuchtkraft, halten es aber so zusammen, dass es ihr nicht in die Augen fällt.

Zur Technik

Um in so stark naturkrausem Haar die Klämmerchen gut zu setzen, brauchen Sie ein wenig Übung oder Geschicklichkeit. Wichtig ist auch, die Scheitel gekonnt zu ziehen, sonst büßen die Spangen an Wirkung ein.

Ideal für gleichmäßig langes Haar

Besser als bei einem Grundschnitt mit Pony hält diese Frisur bei gleich langem Haar.

Pflegetipps bei Kraushaar

Bei Feuchtigkeit aus der Luft kringelt sich naturkrauses Haar besonders leicht.

Das brauchen Sie

- Kamm oder Bürste
- Zehn bis zwölf kleine Haarspängchen, die farblich oder vom Thema her zueinander passen

Für extreme Fälle oder, wenn eine Frisur länger sitzen soll, Pflegeprodukte mit Fruchtwachsen oder Silikon nach der Haarwäsche verwenden. Sie überziehen das Haar mit einer unsichtbaren, wasserabweisenden Schicht. Auch etwas Haarwachs hilft.

Schritt für Schritt zum Erfolg

Wenn Sie nicht mehr alle Klämmerchen aus einem Set haben, können Sie unbedenklich andere dazu nehmen, die in Form oder Farbe passen.

1 Legen Sie sich die Klämmerchen bereit.

2 Bürsten oder kämmen Sie Ihrer Tochter das Haar.

3 Nun ziehen Sie von der Stirnmitte einen kurzen Scheitel nach links und stecken links und rechts vom Scheitel eine Haarsträhne fest.

4 Links und rechts neben dem Mittelscheitel je einen weiteren Scheitel ziehen und die Strähnen wieder feststecken.

5 Nun wie beim Zöpfeflechten versetzt weitere kurze Scheitel in der Mitte nach links und rechts ziehen und die Strähnen jeweils mit Klämmerchen feststecken.

Bei so stark naturkrausem Haar ist es wichtig, mit den Accessoires richtig umzugehen. Sonst wird der Effekt der Wallemähne kaputt gemacht. Auch Scheitel sollte man gerade in diesem Lockenkopf ganz gerade und sauber ziehen – dann kommt das gesunde, glänzende Haar bestens zur Geltung.

Profitricks

- Beim Einsetzen der Klammern darauf achten, dass die Motive nach vorne zeigen.
- Wenn Sie die Farben der Klämmerchen farblich als Kontrast zur Augenfarbe wählen, werden die Augen betont.
- Klämmerchen mit Glitzereffekt sind für diese Frisur optimal.

Romantisch und frech – DER GIRLIELOOK

Einen reizvollen Kontrast bilden Alt und Neu: Rattenschwänze, als Frisur vermutlich so alt wie die Menschheit, und Bindis, der absolute Sommerhit.

Das Schmücken von Stirn und Wangen mit den kleinen aufklebbaren Farbpunkten haben die Mädchen von heute den Inderinnen abgeguckt. Madonna und andere Film- und Szenestars machten den Look aktuell. Auf der ganzen Welt entdecken Mädchen nun das Spiel mit den Farbsignalen. Am besten passen Bindis natürlich zu Mädchen mit reiner Haut – und zu einem klassischen oder feinem Gesichtsschnitt.

Zur Technik

Das Auftragen der Bindis ist ganz einfach: Bindis gibt es als »Abziehbilder« in den unterschiedlichsten Formen und Farben.

Ideal für Mädchen ab 12

Bindis kommen erst so richtig zur Geltung, wenn Mädchen schon ein wenig älter sind. Sie verleihen vor allem in der Kombination mit Tattoobändchen jungen Europäerinnen einen geheimnisvollen Hauch von exotischer Grazie.

Das brauchst du

- Bürste oder Kamm
- Stielkamm für einen sauberen Scheitel
- 2 Haargummis
- 2 Zopfspangen
- Ein Bindi
- Ein Tattoobändchen für den Hals

Schritt für Schritt zum Erfolg

Wenn du dir bei den Rattenschwänzen ein bisschen Mühe gibst und sie auf gleicher Höhe sitzen, kommt dein Bindi besser zur Wirkung. Vielleicht können ja die Mama, Oma oder eine Freundin helfen...

1 Die Rattenschwänze nach der Anleitung auf Seite 33 an der günstigsten Stelle machen.

2 Darauf achten, dass die zwei Rattenschwänze gleich hoch sitzen und dass sie das Gesicht vorteilhaft einrahmen.

3 Zopf auswählen, die farblich »richtig« sind. Am schönsten wirken Zopfspangen, die zu deinen Augen, zur Kleidung und zum Bindi passen!

4 Ein Bindi in der passenden Farbe auswählen und auf die Haut kleben.

Noch vor ein paar Monaten hätte ein so junges Mädchen mit einem so auffälligen Gesichtsschmuck vor allem Kopfschütteln und Staunen geerntet. Heute sind Bindis ebenso wie die feinen Tattoobändchen aus den Badezimmern und Schmuckschatullen weiblicher Teenager nicht mehr wegzudenken. Wir finden, dass beides ganz bezaubernde Stylingideen sind.

Profitricks

- Als Mädchen zwischen 12 und 15 Jahren bist du immer gut beraten, wenn du die Vorteile dieses Alters nutzt. Noch kannst du zum Beispiel ohne Weiteres ganz mädchenhaften Haarschmuck tragen. Andererseits kannst du schon mit erwachseneren Accessoires experimentieren.
- Daraus kannst du mit ein wenig Ausprobieren eine individuelle Kombination machen, die dir besonders gut steht und dich von allen anderen unterscheidet.

OFFEN UND FREI

Bei so viel Frisuren, hochgestecktem und -gebundenem Haar, bei all den Spängchen und Bändchen ist es wirklich an der Zeit, offenem Haar eine Chance zu geben!

Gesundes, langes Haar, das man offen trägt, zieht automatisch alle – und vor allem bewundernde – Blicke auf sich. Wenn es einem Mädchen so gut steht wie Orla, sollte sie ihr Haar ruhig lang wachsen lassen.

Solange es dich im Alltag nicht behindert, kannst du dein Haar so offen tragen, wie es dir gefällt. Mit den neuen kastenförmigen Spängchen und einem kleinen Stylingtrick siehst du fürs nächste Jahrtausend supergut aus.

Mit der hier vorgestellten Art, die Spängchen hoch am Oberkopf so zu setzen, dass das Haar fest am Kopf anliegt, gehst du voll mit dem aktuellen Look mit.

Täglich Haare waschen?

Viele Jugendliche leiden unter fettigem Haar, was an der beginnenden Hormonproduktion liegt. Wenn du dir also jeden Tag die Haare waschen willst, kannst du es unbedenklich tun – allerdings mit einem möglichst milden Shampoo (Seite 16).

Das brauchst du

- Kamm oder Bürste, am besten einen Stielkamm
- Eine große Haarklammer
- Zwei breitere Haarspangen

Schritt für Schritt zum Erfolg

Mit dieser Technik kannst du deine Haare einfach und schnell zurücknehmen, wenn sie dich stören oder dir der strenge »Madonnen-Look« nicht so gut steht. Das Ergebnis ist praktisch und hübsch zugleich.

1 Kämme oder bürste dein Haar, bis es glatt und weich fällt.

2 Dann machst du dir einen Mittelscheitel und steckst das Haar auf einer Seite vorläufig mit einer großen Haarklammer weg.

3 Auf der anderen Seite machst du nun einen sauberen Seitenscheitel und steckst die Strähne mit einer breiteren Haarspange hinten auf dem Kopf fest.

4 Nun löst du die Haarklammer auf der anderen Seite und ziehst einen Seitenscheitel, der genau so hoch sitzt wie der andere.

5 Du nimmst auch diese Haarsträhne und steckst sie mit einer zweiten Spange, möglichst auf gleicher Höhe wie die erste, hinten am Kopf fest.

Profitricks

Wenn dir ganz eng anliegendes Haar am Oberkopf nicht so gut steht, steckst du die beiden Strähnen nicht eng am Kopf fest, sondern ein bisschen lockerer. Das Haar »bauscht« dann und wirkt voller. Wenn du willst, kannst du die Strähnen auch vorher toupieren.

Witzig oder individuell ist es auch, wenn du in die beiden Strähnen zusätzlich Haargummis oder Haarbänder machst, bevor du sie hinten feststeckst.

Offenes, langes Haar wirkt immer vital und interessant. Leider muss man es gut und konsequent pflegen, sonst sieht es schnell strähnig aus und hängt traurig herunter. Wir zeigen euch auf den Seiten 17 und 18 Packungen für jeden Haartyp.

PHANTOM FLOWERHOPPER

Typisch – von Alexandra bis Orla

Ganz wichtig für Mädchen ist die beste Freundin. Nur mit ihr kann man alles bereden, mit ihr wird ausprobiert, wie viel die Freundschaft aushält. Man lernt zu vergeben, zu teilen… Mit niemandem ist es so schön, gemeinsam zu heulen, zu kichern und sich gegenseitig Jacken und T-Shirts auszuleihen.
Dabei stellen Mädchen dann fest, wie groß die Unterschiede zwischen ihnen sind. Wie als Signale und Vorboten des zukünftigen Lebens entscheidet sich schon früh, wer in schlichten Schnitten und Farben selbstbewusst und edel wirkt, wer in krachigen Blumenmustern vor Lebendigkeit sprüht und wer unbedingt ein paar Accessoires braucht, um nicht langweilig zu wirken.

In diesem Kapitel stellen wir jedes unserer sechs größeren Mädchen vor und zeigen, wie jede ihre einmalige Persönlichkeit durch Frisur und Kleidung am besten betonen kann.
Wir hoffen, Ihnen damit auch für Ihre eigene Tochter Anregungen und Tipps zu geben, die ebenso individuell wie typgerecht sind. Denn jedes Mädchen hat eine eigene Schönheit und Ausstrahlung, die sich nicht »über einen Kamm scheren« lässt.

ALEXANDRA – Stilles Wasser mit Tiefe

Ihr mittelbraunes Haar, ihre helle Haut und ihre dunklen Augen bestimmen Alexandras ausgewogenes, sehr zartes Erscheinungsbild. Sie gehört zu den Mädchen, die langes Haar mögen und bereit sind, es richtig zu pflegen und immer wieder neu zu frisieren. Deshalb kann sie auch die außergewöhnliche Flechtfrisur tragen, die Sie auf Seite 68 sehen.

Pflegetipps bei Spliss

Zu heißes Fönen, aggressive Bürsten, Kämme und unsachgemäßes Zusammenbinden können langem Haar schwer zusetzen. Auch bei halblangem Haar, das auf den Schultern aufstößt, leiden besonders die Haarspitzen. Im schlimmsten Fall, nämlich bei nicht nur aufgerauten, sondern gespaltenen Spitzen hilft leider nur noch Abschneiden!

Kneten Sie vorbeugend etwas Olivenöl in die Spitzen, das hält sie geschmeidig. Regelmäßige Öl-Packungen helfen ebenfalls. Die gleiche Wirkung haben so genannte Repair-Produkte, die Keratin und Silikon enthalten, die sich schützend um den Haarschaft legen.

Pflegetipps für langes, feines Haar

Wenn Sie das Gefühl haben, das feine Haar Ihrer Tochter brauche mehr Stand und Fülle, sollten sie keinesfalls mit Gel oder Spray versuchen, mehr Volumen zu erzeugen. Die Haare könnten dann erst richtig kraftlos wirken.

Eine Alternative, die zusätzlich Glanz ins Haar zaubert, kommt aus Asien. So geht's: Reisstärke aus der Apotheke in ein Baumwollsäckchen füllen und mit warmem Wasser anfeuchten. Haare und Kopfhaut mit dem Beutel sanft massieren, dann ausspülen.

Typisch Alexandra

Obwohl Alexandra wie Marie-Therese auf Seite 58 einen Zickzackreifen trägt, wirkt die Frisur bei ihr völlig anders. Der Reifen ist bei ihr kein »Instrument«, um das Haar zu bändigen. Er betont vielmehr das lang fallende, seidenweiche Haar, das bei Alexandra wie ein schimmernder Wasserfall fast bis zur Taille reicht.

Weil sie ein ernsthafter Mensch mit einem ruhigen, ausgeglichenen Wesen ist, kann sie ihre Haare so einfach offen tragen, ohne dass sie sie stören.

Stylingvorschlag

Alexandra trägt eine praktische Kombination in Schwarz/Kaki. Dieser sanfte Farbkontrast steht ihr gut, weil ihre braunen Augen betont werden und das Gesicht so ruhig ist, dass die gesichtsnahe Kleidung ein wenig »Aufregung« verträgt.

Der Stil wirkt gleichzeitig cool und extravagant und unterstreicht damit bestens die individuelle Persönlichkeit Alexandras.

Alexandra ist neun Jahre alt. Ihre Hobbys sind Lesen, verschiedene Sportarten und Kuchen backen. Das anmutige und zarte Mädchen wirkt für sein Alter sehr weltgewandt. Alexandra ist eine hervorragende Schülerin und sehr sprachbegabt. Sie möchte gerne Schauspielerin werden.

Das brauchen Sie

- Bürste und/oder Kamm mit breiten Zinken
- Einen Zickzackreifen bzw. einen Haarkranz

Schritt für Schritt zum Erfolg

Diese Frisur wirkt am besten bei sehr gepflegtem Haar ohne Spliss. Gut wäre es, wenn Sie noch Pflegeprodukte verwenden würden, mit denen sich die Kämmbarkeit des Haares erhöht. Wenn es leicht »fliegt«, sprühen Sie Kamm und Bürste kurz mit Haarspray an.

1 Lassen Sie Ihre Tochter das Haar gut durchbürsten, bis es locker fällt.

2 Eventuell gehen Sie noch einmal mit einem breitzinkigen Kamm durch.

3 Den offenen Zickzackreifen dann von vorne behutsam in die Haare schieben und hinten schließen.

MIT FRANZISKA in den Süden

Dunkle Haare mit einer natürlichen Welle hat die sechsjährige Franziska. Mit ihren großen braunen Augen und dem eher gelblichen Hautton erinnert sie an kleine Mädchen aus dem Süden.

Unser Frisurentipp

Um ihr Haar, das in der Anlage normal ist und glatt fällt, zu betonen, reicht es, drei kleine Zöpfchen zu flechten und sie mit bunten Bändern zu schmücken. Keine Angst vor dunklen Farben trotz des südlichen Typs! Franziska liebt Blau, und ein leuchtendes Dunkelblau betont den Blauschimmer ihres Haares.

Profitricks

- Das Einflechten des Bandes mit der dritten Strähne erfordert etwas Übung und geschickte Finger.
- Leichter wird es, wenn das Zöpfchen schon etwas an Gestalt und Festigkeit gewonnen hat, und Sie dann erst das Band mit dazunehmen.
- Super sehen die Zöpfchen auch aus, wenn nicht alle Bänder die gleiche Farbe haben.
- Wenn Sie Schwierigkeiten haben, das Bändchen unten zu verknoten, können Sie es mit einem Haargummi in der Farbe des Bandes festmachen.

Typisch Franziska

Franziska ist ein Mädchen, dem kräftige Farben und klare Muster (Blumen, Streifen, Karos) stehen. Schon ein wenig Sonne reicht, und sie wird braun. Dann sehen die leuchtenden reinen Farben, die sie so gerne trägt, besonders gut bei ihr aus. Sie sollte das Haar nicht zu kurz tragen. Da ihr Gesicht eine eckige Grundform hat, macht der weiche Kontrast der gewellten Haare sie noch hübscher. Auch normales Haar braucht die richtige Pflege und hin und wieder ausgleichende Kuren.

Stylingvorschlag

In diesem unkomplizierten, aber mädchenhaften Kleid ist die quirlige Franziska gut aufgehoben. Der Stoff ist strapazierfähig und lässt sich super in der Maschine waschen. Schön für ihr Gesicht ist die einfarbige Fläche des Oberteils, das mit einer zarten Borte eingefasst ist.

Das brauchen Sie

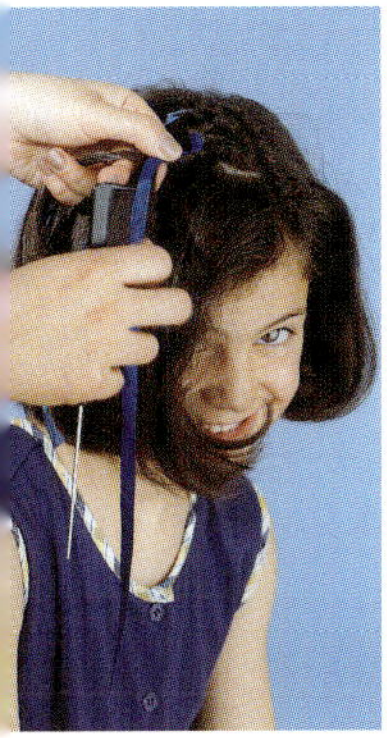

- Kamm oder Bürste, am besten einen Stielkamm
- Drei bunte Bänder (normale Schmuckbändchen, wie zum Einwickeln von Geschenken)

Schritt für Schritt zum Erfolg

1 Legen Sie sich drei Schmuckbänder von etwa 25 cm Länge zurecht.

2 Kämmen oder bürsten Sie Ihrer Tochter das Haar, bis es weich fällt.

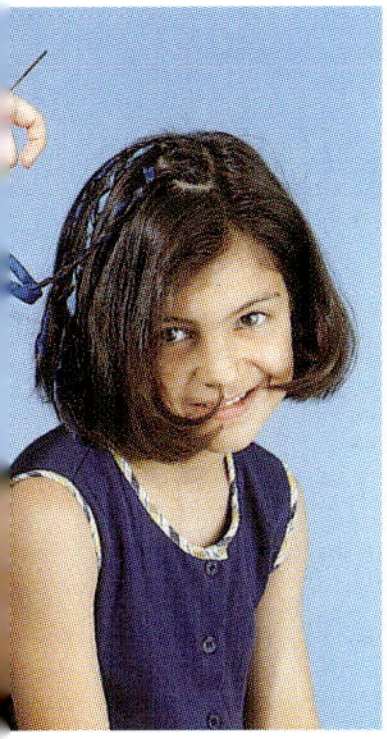

3 Nun ziehen Sie einen Mittelscheitel und nehmen vom Deckhaar drei kleine Strähnen für das erste Zöpfchen ab.

4 Flechten Sie zwei Strähnen ineinander.

5 Nun nehmen Sie das erste Bändchen zur Hand, legen es auf die dritte Strähne und flechten es mit dieser Strähne in das Zöpfchen ein.

Franziska ist 6 Jahre alt und hat einen kleinen Bruder. Sie freut sich schon auf die Schule, die sie im Herbst anfangen wird. Sie mag Musik und tanzt gerne – aber ganz schön wild. Sie hört nämlich gerne Techno und Cher ist ihre erklärte Lieblingssängerin. Sportlich »steht« sie auf Gymnastik und ist eine echte Wasserratte.

6 Sie machen das Band fest, in dem Sie das Zopfende dreimal gut mit dem Band umwickeln. Dann die oberste Lage noch einmal mit dem Stielkamm anheben, das Ende des Bandes durchschieben. Fest anziehen. Das überstehende Ende abschneiden. Fertig.

JANINA – a star is born?

An Janinas herrlicher roter Mähne ist alles echt! In der Kombination mit ihren blauen Augen, der hellen Haut und den Sommersprossen gehört sie zu den äußerst seltenen Vertreterinnen des reinen »keltischen« Typs.

Typisch Janina

Ihre naturkrause Haarpracht hat Janina gut unter Kontrolle. Und auch punkto Kleidung weiß sie, was sie will. Ihr stehen extravagante Schnitte, und sie hat eine natürliche Eleganz, die durch ausgefallene Ensembles positiv unterstrichen wird. Was an anderen schnell kitschig oder schrill wirkt, integriert sich bestens in ihre Persönlichkeit. Janina bildet aber auch wegen ihres Temperaments und ihrer blitzschnellen Auffassungsgabe in jeder Gruppe einen natürlichen Mittelpunkt.

Stylingvorschlag

Als lupenreiner »Frühlingstyp« sollte Janina in erster Linie Frühlingsfarben tragen, also Pastellfarben wie Lachs, Aprikot, Braun, Apfelgrün, Himmelblau, Türkis, und Gelborange. Auch

Das brauchen Sie

- Einen breitzinkigen Kamm
- Zwei Zopfhalter

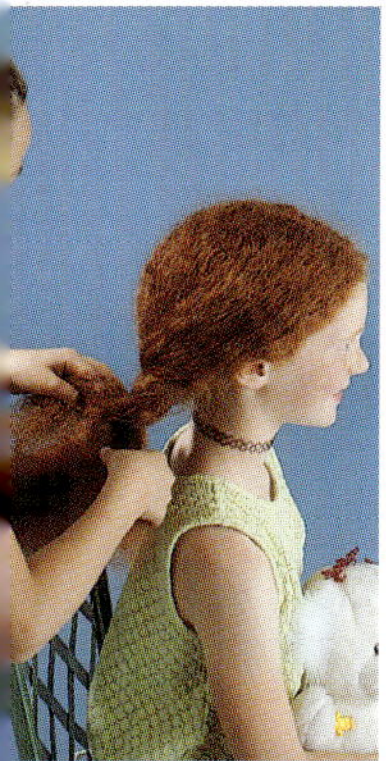

Weiß steht ihr gut, allerdings in eher gebrochenen Tönen. Reines Kalkweiß und reines Schwarz lassen sie blass erscheinen.

Dieser apfelgrüne Hosenanzug mit den Schleifen am Oberteil ist wie für Janina gemacht. Sie kann sich prima darin bewegen, und ihr natürliches Wesen wird harmonisch unterstrichen.

Richtig pflegen

So dickes, naturkrauses Haar kann bei falscher Pflege schnell spröde und trocken werden. Durch Salzwasser, Sonne, zu heißes Föhnen wird das Haar aufgeraut und wirkt stumpf. Dagegen helfen Packungen wie auf Seite 18.

Schritt für Schritt zum Erfolg

Janinas Naturkrause ist ein echtes Haarerlebnis, und Alexandra hat ihre liebe Mühe, die Haare durchzukämmen und in drei gleichmäßige Partien zu teilen.

1 Hilfreich ist es, das Haar im Nacken vor dem Flechten mit einem Zopfhalter zu fixieren.

Die elfjährige Janina hat zwei kleine Brüder und ist äußerst bewegungsfreudig. Kein Baum, kein Klettergerüst ist vor ihr sicher! Sie mag Skifahren, Tennis und Reiten und liebt Tiere, besonders ihre drei Hasen. Mit ihrem aufgeschlossenen und kontaktfreudigen Wesen wird sie beruflich sicher einmal mit Menschen zu tun haben.

2 Teilen Sie das Haar im Nacken in drei gleichmäßige Partien, und beginnen Sie mit dem Flechten.

3 Am Ende wird der Zopf mit einem Zopfhalter umwickelt.

Kleiner Wildfang MARIE-THERESE

Wie ihre Haare aussehen, ist Marie-Therese eigentlich egal. Hauptsache, sie fallen ihr nicht ständig ins Gesicht. Weil ihre Haare glatt und locker sind, braucht sie immer ein Band oder eine Klammer, um sie zusammenzuhalten.

Typisch Marie-Therese

Zu ihrer zarten, hellen Haut sind die dunkelbraunen Haare und die großen dunklen Augen der denkbar beste Kontrast. Vom Aussehen her ist Marie-Therese das, was man einen echten »Schneewittchen«-Typ nennt, aber weil sie pfiffig und willensstark ist, sind Kleider im Prinzessinnenstil eigentlich zu langweilig für ihre Alltagsgarderobe.

Ihr steht alles, was die natürlichen Kontraste ihres Gesichts betont: Klares Rot und Blau sind für sie am besten, wenn ein wenig Weiß dabei ist. Ansonsten sind zarte, kühle Farben einfach wunderbar für sie. Muster stehen Marie-Therese sehr gut, wenn sie zurückhaltend, Ton in Ton gehalten sind oder wenn die Kontraste in einer Farbfamilie bleiben. Somit ist Marie-Therese ein »Wintertyp« und das einzige unserer Mädchen, das in Schwarz frisch und lebhaft aussieht.

Stylingvorschlag

Für Schule und Freizeit braucht auch Marie-Therese unkomplizierte, frohe Kleidung. Das weite Sweatshirt mit den Leggins macht alles mit, ist rasch gewaschen und muss auch nicht wirklich gebügelt werden. Farblich ist diese Kombination ideal für Marie-Therese, weil das Shirt bunt ist – aber nicht in Halsnähe. Mit betonten Kontrasten in der Nähe des Gesichts sollte sie immer vorsichtig umgehen.

Marie-Therese und ihre kleine Schwester Annabelle haben ganz schön Power beim Spielen und Toben! Ihre Hobbys sind zum Ausgleich wesentlich ruhiger: Lesen und nochmal Lesen, Computern, Basteln, Musik und Malen. Marie-Therese liebt Tiere und kann prima mit ihnen umgehen. Schon als Kleinkind betrat sie furchtlos jeden Kuhstall. Ihr Berufswunsch ist, zumindest vorläufig noch, eines Tages wie ihre Mama in einem schicken Büro zu arbeiten.

Das brauchen Sie

- Kamm oder Bürste
- Einen Zickzackreifen mit Muster
- Für's Föhnen eine große Rundbürste

Schritt für Schritt zum Erfolg

1 Kämmen oder bürsten Sie Ihrer Tochter das Haar, bis es weich und glatt fällt.

2 Dann geben Sie ihr den Zickzackreifen, damit sie ihn sich selbst in die Haare machen kann.

3 Eventuell müssen sie ihr beim Schließen der Zacken helfen. Aber das ist besser, als wenn Sie es machen und in den Haaren hängen bleiben.

Profitricks

- Man kann das Haar zusätzlich über eine Rundbürste föhnen, bevor man den Reifen einsetzt.
- Beim Föhnen immer darauf achten, das Haar zunächst gegen die Richtung zu föhnen, in die es fallen soll.
- Die Welle hält am besten, wenn Sie die Föhnbürste nach dem Föhnen Strähne für Strähne im Haar halten, bis die Strähne um die Bürste kalt geworden ist.

4 Sagen Sie ihr aber, dass sie den Reifen so aufsetzen soll, dass das Muster vorne zu sehen ist.

5 Zum Schluss nehmen Sie das Haar zwischen zwei Finger und geben ihm einen sanften Schwung nach innen.

Frisch, blond und natürlich – TERESA

Naturblondes, feines, glattes Haar hat Teresa. Die großen, blitzenden blauen Augen betonen noch ihren klassisch blonden, nördlichen Typ.

Teresa braucht keine ausgefeilten Frisuren, um richtig gut auszusehen. Alles, was ihre Haar fliegen und leuchten lässt und nicht von ihrem Gesicht ablenkt, steht ihr.

Typisch Teresa

Sie kann alle Blautöne dieser Welt tragen und sieht wie Franziska in klaren, kräftigen Farben und bunten Mustern immer richtig gut aus. Sie muss nur aufpassen, dass die Muster nicht krachig wirken, sonst überdecken die Farbkontraste ihr Gesicht. Um den Hals sollte Teresa keine Rüschen oder Rollkragenpullover tragen – das würde von ihrem Gesicht ablenken und sie wuchtiger erscheinen lassen.

Teresa kann auch alle Naturtöne tragen, mit denen z.B. Stricksachen und Leinenkleider gefärbt werden. Bisher mag Teresa Erdfarben nicht gerne. Sie sollte aber später, wenn sie älter ist, die dunkleren, satten Brauntöne ausprobieren.

Kalte, blasse Farben stehen Teresa dagegen nicht. Auch bei Orange ist es schwierig, die richtige Farbnuance zu finden.

Stylingvorschlag

Das Kleid auf unserem Bild ist ideal für jeden Tag. Es lässt Teresa genügend Bewegungsfreiheit und hat einen halsfernen Ausschnitt. Es ist im Handumdrehen gewaschen und muss nicht einmal gebügelt werden. Weiß steht ihr vor allem im Sommer gut, wenn sie braun ist. Das kleine Blumenmuster belebt die Grundfarbe und betont Teresas Temperament und ihre Naturverbundenheit.

Das brauchen Sie

- Kamm oder Bürste
- Eine Haarklammer, die gut hält und farblich zur Kleidung passt

Schritt für Schritt zum Erfolg

1 Bürsten oder kämmen Sie Ihrer Tochter das Haar, bis es glatt fällt.

2 Kämmen Sie den Pony sauber nach vorne und ziehen Sie dicht dahinter einen geraden Mittelscheitel.

3 Dann nehmen Sie das Haar von links und rechts auf dem Oberkopf zusammen und stecken es mit einer kleinen Klammer, die gut hält fest.

Wie so viele kleine Mädchen liebt auch Teresa Tiere. Sie würde sogar am liebsten einmal Tierforscherin werden. Man kann sich bereits heute bestens vorstellen, wie sie mutig und abenteuerlustig afrikanischem Großwild nachspürt oder am Amazonas Schmetterlinge fängt. Mit ihrer frischen und unkomplizierten Art wird sie aber auch bei ihren Mitmenschen immer gut ankommen, und in Afrika sicher auch wegen ihrer auffallend blonden Haare sehr bestaunt und bewundert werden.

ORLA – die Goldene

Orla ist ein irischer Mädchenname und heißt »Gold« oder die »Goldene«. So hat ihre irische Mutter Orla ein kleines Vermächtnis mit auf den Lebensweg gegeben. Orlas dunkelblonde Haare, ihre grünblauen Augen und der Goldschimmer im Hautton verleihen ihr warme, lebhafte Töne, die sie mit dezenter Kleidung bewusst unterstreichen kann. Orla hat ein klares, klassisch ausgewogenes Gesicht und große Augen. Kein Wunder, dass sie sich gerne mehr schminken würde…

Typisch Orla

Orla auf einen Nenner zu bringen, ist nicht ganz einfach – aber das ist für eine 13jährige nur normal! Einerseits ist Orla unkompliziert, sportlich und ein guter Kumpel. Anderseits liebt sie Musik, spielt Querflöte, tanzt für ihr Leben gern und will alles ganz genau wissen. Zu ihr passen offene Haare oder der Girlie-Look genauso wie die klassische Banane, die sie fast im Grace-Kelly-Stil trägt.

Profitricks

- Sie müssen ausprobieren, ob Sie die erste Drehung im Nacken besser nach rechts oder links machen sollten,; das hängt von der natürlichen Wuchsrichtung des Haares und vom Gesichtsschnitt ab.
- Mit der Spange vorne kann man den Look an jedes Outfit und an jede Gelegenheit anpassen.

Stylingvorschlag

Orla mag keine Kleidung, die groß auffällt, aufwendig ist und auf die man aufpassen muss. Ihr Styling ist aber vor allem deshalb betont schlicht, weil Orla große ausdrucksvolle Augen und ein sprechendes Gesicht hat, in dem sich ihre Gefühle ganz unmittelbar ausdrücken. Sie sollte deshalb in Gesichtsnähe nichts tragen, was ihre Augen oder ihr Gesicht dominieren könnte.

Das dunkle, warme Rot steht ihr supergut. Ideal ist auch das leichte Muster in der Jacke, das den Stoff belebt.

Das brauchen Sie

- Eine Bürste
- Zwei lange Haarnadeln, so genannte Postich-Nadeln
- Eine Girliespange – farblich zur Kleidung passend

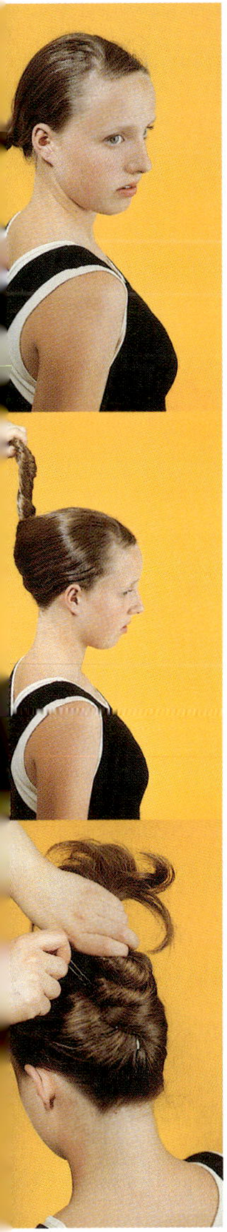

Schritt für Schritt zum Erfolg

Dieser Mix aus einer zeitlos-klassischen »Banane« und einer hippen Nuance passt perfekt zur vielschichtigen Orla! Für den perfekten Sitz der Frisur braucht man allerdings eine Hilfsperson.

1 Das Haar gut durchbürsten, bis es weich fällt, im Nacken zusammennehmen und ein-, zweimal fest nach links drehen.

2 Nun kommt der Trick, den man ein wenig üben sollte, damit die Banane perfekt wird: Die Hand nach oben drehen, sodass man das Haar nach oben weiterdreht, bis es fast so hoch ist wie der Oberkopf.

3 Die Banane am Kopf festhalten und mit langen Haarnadeln (Postich-Nadeln) feststecken.

Orla hat zwei jüngere Schwestern und kann wunderbar mit Kindern umgehen. Ihre Hobbys sind Musik und eine Vielzahl von Sportarten von Leichtathletik über Schwimmen und Tennis bis Reiten. Bis sie eine elegante »große Dame« wird, ist glücklicherweise noch etwas Zeit.

4 Die restlichen Haare frei fallen lassen.

5 Den Pony mit der Girliespange oder einem anderen passenden Accessoire feststecken.

Und heute was Besonderes

Meist ist man schon Tage vorher ein wenig aufgeregt, die Gedanken kreisen immer mehr und immer schneller um das, was einem bevorsteht. Denn selbst, wenn man bei einem großen Fest oder einer Aufführung nur eine kleine Nebenrolle spielt, es ist einfach toll, dabei zu sein.
Natürlich will jede die Schönste sein, besonders auffallen, ein neues Kleid anziehen oder eine superschicke Frisur haben!

Ob Sie nach einer schnellen Lösung suchen oder sich Zeit nehmen wollen für eine auffwendige Flechtfrisur, in diesem Kapitel finden Sie noch einmal sechs unterschiedliche Stylingvorschläge für besondere Gelegenheiten. Damit es nicht in letzter Minute heißt »Und was für eine Frisur machen wir?«. sollten Sie sich mit ihrer Lieblingstechnik rechtzeitig vorher anfreunden und sie gegebenenfalls etwas üben.
Wer zum ersten Mal bei einer Schulaufführung ein Solo spielt, zur Familienfeier bei den Großeltern soll, zu seinem ersten Sommerfest eingeladen ist oder Geburtstag feiern – wir haben für alle einen Vorschlag. Die wichtigsten Techniken zeigen wir ihnen wieder Schritt für Schritt.

Für die FAMILIENFEIER

Mädchen, die noch so jung sind wie Franziska, sind schon aufgrund ihres süßen Wesens »perfekt gestylt«. Auch zu besonderen Gelegenheiten wie einem Familienfest oder ihrem eigenen Geburtstag brauchen sie weder aufwendiges Zubehör noch komplizierte Frisuren.

Unser Frisurentipp

Ein schöner Schmuckreifen, der im Stil zur Kleidung passt und der farblich auf den Hauptton im Kleid abgestimmt ist, »putzt« Franziska ein wenig, ohne zu dominant zu wirken.

Stylingvorschlag

Wir schlagen für Franziska vor, zu solchen Gelegenheiten ein Kleid zu tragen, das im Grundton festlich ist. Dieses fast knöchellange Dirndl wirkt durch das schlichte T-Shirt nicht überladen. Der Dirndlschnitt ist prächtig genug, um Franziska in Szene zu setzen.

Über das Zubehör

Es gibt heute eine ungeheuere Vielzahl an Reifen in allen Formen, Farben und mit unter-

schiedlichsten Motiven. Außer in Kaufhäusern und Drogeriemärkten können Sie auch einmal in kleineren Boutiquen oder Kinderbekleidungsläden auf die Suche gehen.

Wenn Ihre Tochter gerne Haarreifen trägt, lohnt es sich, Geld zu investieren für Reifen mit besserer Ausstattung.

- Besonders gut halten Haarreifen, die über einem Plastikrahmen (mit Zähnen) aufgebaut sind.
- Achten Sie auch auf die Verarbeitung. Wichtig ist, dass das Innenband gut befestigt ist und nicht schon vor dem Kauf beginnt, sich zu lockern. Meist leben die Reifen mit genähtem Innenband länger als die Reifen, bei denen das Innenband geklebt ist.

Etwas Besonderes fürs Haar

Kräftiges, normales Haar wie Franziskas ist einfach zu pflegen. Für den besonderen Anlass verdient es aber eine spezielle Behandlung. Wie wäre es mit etwas Rosenduft? Sie können eine kostbar duftende Rosen-Kurpackung ganz leicht selbst herstellen:

- Ein Eigelb mit etwas Walnuss- oder Sesamöl verrühren und einige Tropfen ätherischen Rosenöls hinzugeben (beides erhalten Sie in Naturkostläden oder Drogerien).
- Die Masse auf dem gewaschenen, handtuchtrockenen Haar verteilen und mit einem vorgewärmten Handtuch abdecken.
- Nach 30 Minuten gut ausspülen.

Der feine Rosenduft bleibt noch lange im Haar, das noch dazu herrlich schimmert.

Da Franziska relativ dickes Haar hat, kann sie auch üppiger verzierte Reifen gut tragen. Die Kunst ist, stets den richtigen Reifen zu finden. Natürlich sind schlichte, einfarbige Haarreifen zu vielen Gelegenheiten einsetzbar. Trotzdem, Sie werden den Unterschied sehen, wenn Sie einen Reifen finden, der perfekt zu den Farben, zum Inhalt des Festes und zur Persönlichkeit Ihrer Tochter passt. Der Rest ist dann einfach – und das ist gut so!

KOMMUNION

Eines der ersten großen offiziellen Ereignisse ist für viele Mädchen auch heute noch die Kommunion. Dieses katholische Kirchenfest im Mai ist das Ende einer längeren inhaltlichen Vorbereitungszeit und bedeutet deshalb so manchem Mädchen mehr als einfach nur das Vorstellen eines festlichen Kleides.

Trotzdem möchte natürlich jede an diesem Tag die Hübscheste sein! Das heißt für Sie als Mutter, ein Kleid zu finden und eventuell die Nerven für eine interessante Frisur aufzubringen. Wenn Ihre Tochter langes Haar hat, raten wir zu einer Flechtfrisur, damit der Blütenkranz besonders schön zur Geltung kommt.

Über das Zubehör

Eigentlich ist es nur ein kleiner Kranz aus Kunstblumen – aber es ist enorm, was ein solcher Schmuck bewirkt. Besonders schön sieht der Kranz immer dann aus, wenn er gut aufs Kleid abgestimmt ist.

Schritt für Schritt zum Erfolg

Eng am Kopf flechten Sie einen Bauernzopf und gehen zu einem Fischgrät-Zopf über, mit dem Sie das Haar wunderschön schmücken.

Das brauchen Sie

- Kamm oder Bürste, zusätzlich einen Stielkamm
- Zwei Haargummis
- Einen Kranz aus Kunstblumen, farblich zum Kleid passend

1 Das Haar kämmen oder bürsten, einen Mittelscheitel ziehen und das Haar auf einer Seite mit einer großen Haarklammer hochstecken.

2 Auf der anderen Seite beginnen Sie mit dem Flechten. Dazu am Oberkopf drei Strähnen abteilen. Das übrige Haar fällt gleichmäßig nach unten.

3 Beim Flechten nehmen Sie immer bei der äußeren Strähne eine Strähne aus dem frei fallenden Haar dazu!

4 Je gleichmäßiger Sie diese Strähnen wählen und flechten, desto schöner und gleichmäßiger wird der Zopf.

5 Wenn Sie alles Haar am Oberkopf »aufgebraucht« haben, zum Fischgrät-Zopf übergehen.

6 Bei diesem Zopf lassen Sie beim Einflechten jeder äußeren Strähne einen Teil der innen liegenden Haarsträhne.

7 Den Zopf mit einem Haargummi fest umwickeln.

Profitricks

- Nehmen Sie zum Abteilen der Strähnen einen Stielkamm, dann können Sie das Haar besonders gut portionieren.
- Je ruhiger und gelassener Sie arbeiten, desto schöner wird das Ergebnis. Also am besten vor dem großen Tag ein paar Mal üben!
- Lassen Sie während des Flechtens das Haar nicht einen Augenblick los. Erst wenn der Haargummi am Zöpfchen sitzt, ist alles fertig.

Nicht jedes Mädchen hat das Glück ein Kommunionkleid aus Frankreich zu bekommen, wie es Alexandra auf diesen Fotos trägt. Auch wenn wir heute ziemlich pragmatisch denken, dass ein einfaches weißes Kleid »reicht« – verwenden Sie trotzdem etwas Mühe und Fantasie auf die Auswahl.

Auf zum SOMMERFEST

Feste machen eigentlich immer Spaß. Selbst wenn man Gastgeber ist, weiß man, dass sich letztendlich die Mühe lohnt. Hand aufs Herz – was ist schöner im Leben, als Haus und Garten voller lieber Gäste zu haben, die sich bis in die frühen Morgenstunden amüsieren.

Unser Frisurentipp

Sommerblumen sind für Mädchen zu diesem Anlass einfach immer der ultimative Stylingtipp. Wer geschickt genug ist, kann einfach einen Kranz aus Margeriten oder andern geeigneten Blumen flechten und ihn ins Haar stecken. Aber auch als einzelne Blüten sind Sommerblumen ein Hingucker. Wir haben sie hier für Teresa zusätzlich mit bunten Bändern aus Satin oder Samt verziert.

Stylingvorschlag

Was zieht man an zum Sommerfest? Ganz einfach ein leichtes, längeres Sommerkleid in frohen Farben. Nichts wird sich Ihnen und Ihren Gästen so einprägen wie dieses Bild Ihrer Tochter.

Das brauchen Sie

- Kamm oder Bürste
- Etwa zehn Margeritenköpfchen mit Stiel (etwa 2 cm lang)
- Ebenso viele bunte Bänder wie Blumen: jedes Bändchen etwa 30 bis 40 cm lang
- Ebenso viele kleine Haarklammern wie Blumen

Schritt für Schritt zum Erfolg

Besonders hübsch wird diese Frisur bei einem Grundschnitt mit Pony.

1 Jede der Margeritenblüten dicht am Köpfchen in ein Band einknoten. Die herabfallenden Enden des Bändchens sollten etwa gleich lang sein.

2 Die geschmückten Bändchen und die Haarklämmerchen bereit legen.

3 Das Haar gut kämmen oder bürsten. Den Pony – falls vorhanden – sauber abtrennen und kämmen.

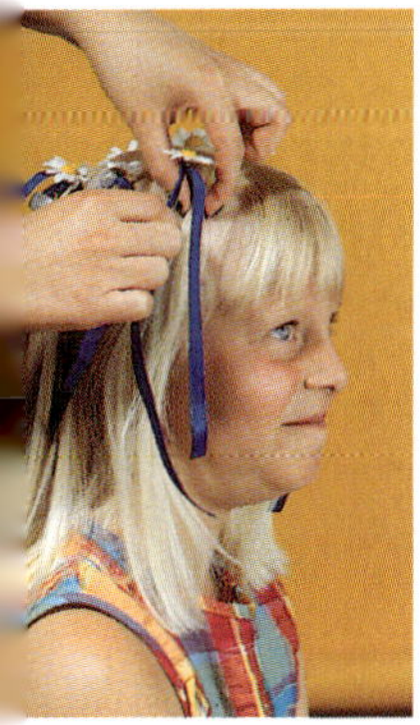

4 Am Oberkopf (mit einem Stielkamm) einen Mittelscheitel ziehen und in Ponynähe beginnend eine Strähne abteilen.

5 Eine Blume mit einer Haarklammer jeweils am Anfang der Strähne festklammern.

Profitricks

Wenn die Zeit reicht, bringt eine passende Haarkur oder Lotion das Haar fürs Sommerfest in strahlende Höchstform. Vorschläge für Farbglanzspülungen finden Sie auf Seite 36.

Eine lebendige und natürliche Stylingidee sind Blumenkränze. Wer verlernt hat, wie man aus Löwenzahn oder Margeriten Kränze flechtet, oder wem das zu mühsam ist, der kann sich mit dieser gesteckten Variante behelfen. Sie hat zudem den Vorteil, dass die Klämmerchen lange halten und auch das eine oder andere Spiel und Gehopse überstehen. Übrigens sieht das gesteckte Netz auch bezaubernd mit anderen Knospen aus.

6 Fahren Sie so Strähne für Strähne fort, bis rundum ein schöner Kranz entstanden ist.

Eine Feier IN DER SCHULE

Die Schule nimmt im Leben der Kinder einen so großen Platz ein, dass eine Schulaufführung, bei der Ihre Tochter einen aktiven Part übernimmt, schon zu einer sehr aufregenden Sache werden kann. Wenn Sie dann noch ein erstes Solo spielt oder singt, können Sie sicher sein, dass die Augen aller Anwesenden für diesen Moment auf Ihrem Kind ruhen.

Da braucht sie alle Unterstützung, die sie bekommen kann! Mit dem passenden Outfit weiß sie, dass sie gut angezogen ist.
Gerade, wenn Ihre Tochter an der Aufführung eines klassisches Musikstücks teilnimmt, ist ein schwarzes Kleid die perfekte Wahl.

Unser Frisurentipp

Schwarz wirkt feierlich und stilvoll. Deshalb sollte das Haar entweder natürlich fallen oder in einer sehr geordneten Frisur zurückgenommen sein. Wir empfehlen den klassischen Pferdeschwanz – entsprechend »aufgemotzt« und betont durch eine große Schmuckspange.

Stylingvorschlag

Ihre Tochter hat für den großen Auftritt geübt und nun soll nichts von ihrer Leistung ablen-

ken. Im Gegenteil: Sie soll mit dem Musikstück verschmelzen. Dafür muss das Kleid nicht langweilig sein – ein wenig durchbrochene Spitze sieht schon bei einer Achtjährigen festlich aus. Wenn Sie alles bis zu den Schuhen und Strümpfen in der gleichen Farbe halten, wirkt der Gesamteindruck elegant.

Auf eine gepflegte Gesamterscheinung kommt es bei großen Aufführungen an. Selbst bei so jungen Mädchen wie Marie-Therese sind Schwarz oder Weiß immer die richtige Wahl.

Das brauchen Sie

- Kamm oder Bürste
- Einen Haargummi
- Eine große festliche Haarspange
- Einfache schwarze Haarnadeln

Schritt für Schritt zum Erfolg

1 Einen Haargummi und die festliche große Haarspange bereithalten.

2 Das Haar sorgfältig kämmen oder bürsten.

3 Das Haar hinten am Oberkopf zum Pferdeschwanz zusammennehmen und mit dem Haargummi gut festmachen.

4 Die Schmuckspange entweder um den Haargummi schließen oder, über dem Pferdeschwanz ins Haar setzen.

Profitricks

- Für den Pferdeschwanz nie einfache Gummibänder nehmen! Gummiband drückt den Haarschaft zusammen, raut die Struktur auf und macht das Haar brüchig.
- Mit einer Klammer, die Sie vorne ins Stirnhaar geben, können Sie den ganzen Look verändern: Mit einer modischen Girliespange wird's frech, mit einer silbernen oder goldenen Spange noch festlicher, mit Blumen, Schmetterlingen oder Teddybären eher mädchenhaft.

5 Kurze Haare, die im Pferdeschwanz keinen Platz haben, mit einfachen Haarnadeln im Grundton des Haares (also entweder schwarz, braun oder gold) feststecken.

Ich hab heute GEBURTSTAG!

Endlich ist er da – der Tag, der nur dir gehört. Gratulation! Hoffentlich bekommst du alles, was du dir gewünschst hast und kannst ein richtiges Fest mit deinen Freunden feiern.

Unser Frisurentipp

Warum nicht einmal etwas ganz anderes als sonst? Die Geburtstagsfrisur muss nicht feierlich wirken, aber sie darf ungewöhnlich und witzig sein. Mit unserem Stylingvorschlag überraschst du ganz sicher alle. Und das Tollste daran: Du musst nicht einmal lange stillsitzen, bis die Frisur fertig ist. Allerdings brauchst Du jemanden, der Dir dabei hilft.

Stylingvorschlag

Warum nicht richtig Geburtstag feiern? Je älter ein Mädchen ist, desto weniger ist am Geburtstag wildes Toben angesagt. Also kann man schon mal sein bestes Stück anziehen. Janina wirkt in diesem zartfarbenen Hosenensemble ein wenig festlich, ein wenig burschikos – also genau richtig. Es läßt ihr genügend Bewegungsfreiheit und sieht doch hübsch aus.

Das brauchen Sie

- Kamm oder Bürste
- Etwa zehn bis zwölf lange Stabnadeln, so genannte Postich-Nadeln

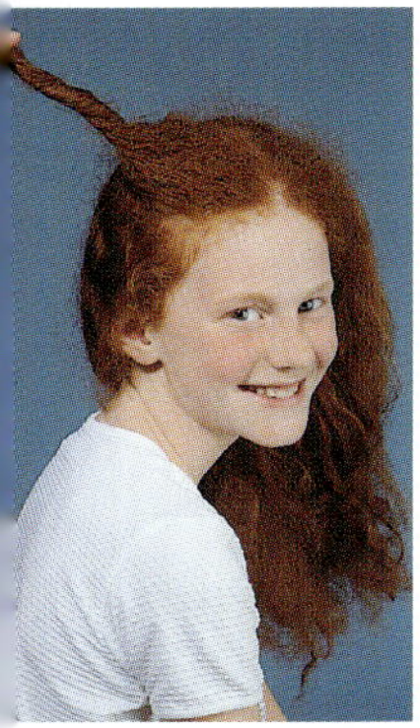

Schritt für Schritt zum Erfolg

1 Das Stirnhaar mit einem Mittelscheitel teilen und rechts über der Schläfenpartie eine dickere Strähne abteilen.

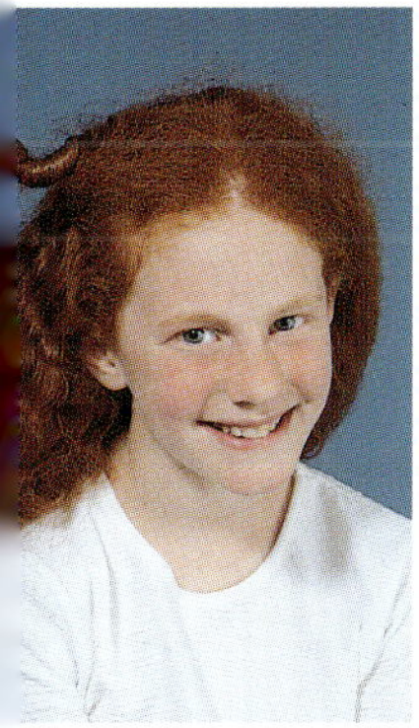

2 Die Strähne einfach immer weiter eindrehen, bis sie sich von selbst zu einer Schnecke einrollt.

3 Den entstandenen Haarkringel mit einer langen Haarnadel (Postich-Nadel) gut feststecken.

4 So weitermachen, bis Strähne für Strähne eingerollt und aufgesteckt ist. Dafür auch das Haar auf der anderen Kopfseite lösen und aufstecken.

Laut und fröhlich sollten Geburtstage sein! Leider sind sie irgendwann zu Ende. Bis dahin sollte die Frisur eine ganze Menge aushalten. Diese witzigen Schnecken stehen unternehmungslustigen Mädchen besonders gut.

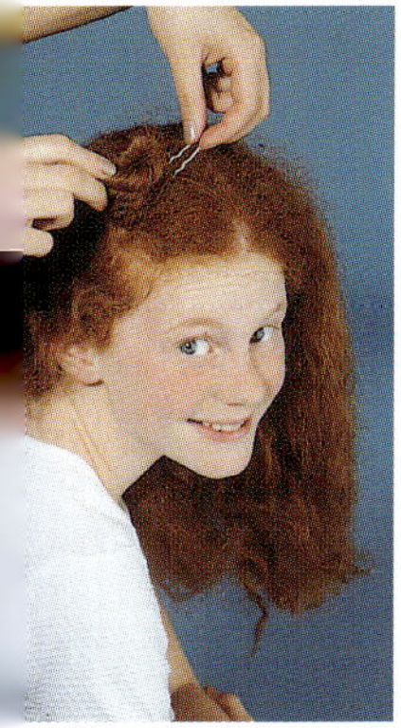

5 Ein bißchen Sorgfalt macht sich hier bezahlt, denn je gleichmäßiger die einzelnen Strähnen in der Dicke sind, umso hübscher wird das Ergebnis.

Profitricks

Bei einer Naturkrause gelingt diese Frisur besonders leicht. Aber auch alle anderen Mädchen mit langen Haaren können diese ausgefallene Frisur gut tragen.

Bei glattem Haar noch eine zweite Haarnadel dagegenstecken.

Man kann auch kleinere Strähnen machen, aufwickeln und diese Nestchen zusätzlich mit einem bunten Haarband schmücken.

6 Falls die Schnecken bei dünneren Haar zu klein ausfallen, kann man sie mit passenden Zopfbändchen aufpeppen.

PARTYTIME

Partys sind spannend. Punktum. Nie weiß man vorher, was passieren wird, wen man trifft, ob man sich hinterher elend, gelangweilt oder auf Wolke Sieben fühlen wird.

Deshalb ist es ganz wichtig, für alle Eventualitäten gerüstet zu sein und sich so zu stylen, dass man sich rundum wohl fühlt.

Unser Frisurentipp

Diese Zopffrisur ist überhaupt nicht »verzopft«. Im Gegenteil, sie ist toppaktuell – und sie hält mindestens drei Tage, ohne dass du sie pflegen musst. Einfach einmal von der Mama, der Schwester oder der Freundin machen lassen – und du siehst auf der Party, im Schwimmbad oder am Strand klasse und cool aus.

Stylingvorschlag

Was du zur Party anziehen magst, entscheidest natürlich du. Lass Dir dabei nicht dreinreden. Du musst schließlich hingehen und wirst von allen angestaunt. Wenn du einmal wirklich komplett daneben gelangt hast, und die Party für dich gelaufen war, bevor sie überhaupt

richtig anfing, geht die Welt nicht unter. Einfach ein bisschen beobachten, welcher Stil angesagt ist, überlegen, was dir von deinen Klamotten wirklich steht – und das nächste Mal wird's vermutlich schon viel besser.

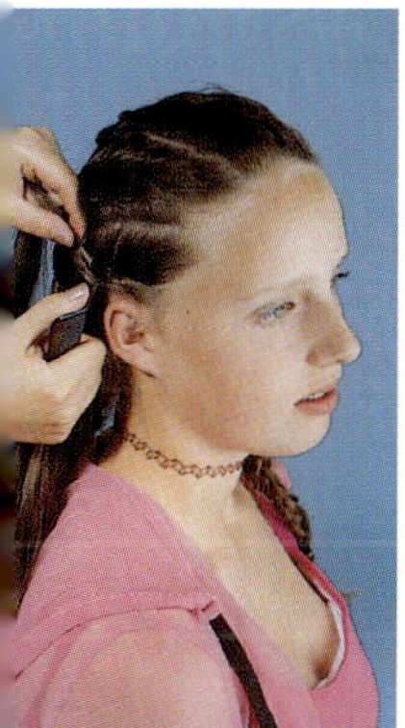

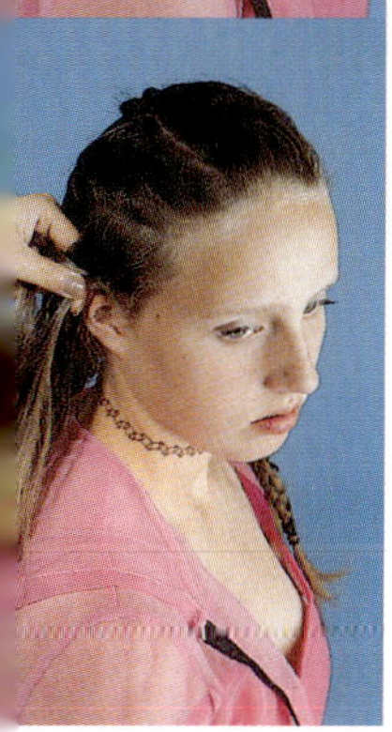

Schritt für Schritt zum Erfolg

Fünf Mini-Bauernzöpfe sind das Geheimnis dieses Frisurerfolgs.

1 Zuerst den Zopf in der Mitte mit einem Stielkamm flechten. Dafür zieht man rechts und links neben der Mitte einen sauberen Seitenscheitel und beginnt mit dem Flechten dieser Partie.

2 Zum Flechten nimmt man ähnlich wie beim Bauernzopf auf Seite 68 immer eine Strähne dazu. Diesmal aber das Haar nicht von der Seite nehmen, sondern von unten.

3 Auf diese Weise den Zopf eng anliegend über die gesamte Länge des Kopfes flechten.

4 Den Zopf ganz normal zu Ende flechten und das Ende mit einem Haargummi fest umwickeln.

5 Das Ganze an den anderen vier Partien wiederholen.

Profitricks Je nach Anlass kann man diese Zöpfe noch zusätzlich mit eingesteckten kleinen Klammern aufpeppen.

»Was ziehe ich an?!« Wenn Du Dich für ein Outfit entschieden hast, brauchst Du nur noch die richtige Frisur, um umwerfend auszusehen. Wenn Dir weder Orlas Flechtidee noch eine andere Frisur im Buch gefällt, dann probiere einfach, etwas nachzumachen, was Du toll findest. Unser Tipp: Schon ein paar Tage vor der Party ausprobieren, ob Du die Frisur hinbekommst und ob sie Dir steht ...

Register

Über dieses Buch

Die Autorin des Buches

Verena Zemme studierte Deutsch, Geschichte und Wirtschaftsgeographie. Sie war leitende Redakteurin, bevor sie sich mit einer eigenen Agentur selbstständig machte. Heute betreut und produziert sie Bücher und CD-ROMS zu Gesundheit und Lebenshilfe. Da ihr die Themen »rund ums Kind« besonders am Herzen liegen, hat ihr dieser Titel viel Freude gemacht und sie möchte auch an dieser Stelle dem ganzen Produktions-Team nochmals herzlich danken.

Impressum

Titelfotos und Fotos im Innenteil: Vera Kalkner, München; Weitere Fotos: Kanzleiter Seite 11; Laboratoires Garnier, 1998 Seite 17; PhotoDisc Hamburg/Seattle Seite 13; Schwarzkopf & Henkel Cosmetics Seite 15 und 19; Tony Stone Bildagentur, Craddock Seite 12; Rudolf Zenner & Co. by JANOSCH + Diogenes Verlag licensed by BAVARIA SONOR Seite 22 und 23, 53, 67

Die Mädchen wurden ausgestattet von der Hennes & Mauritz GmbH sowie von Mini-Maxi-Kindermoden, Pasing. Wir bedanken uns für das freundliche Entgegenkommen!
Hennes & Mauritz GmbH: Seiten 24, 25, 35, 36, 37, 47 (Tasche), 48, 49, 53, 76, 77.
Mini-Maxi: Cover, Seiten 44, 45, 56 und 57 Janina, 78, 79

Weltbild Buchverlag, Augsburg

Umschlaggestaltung: Lydia Koch, Augsburg
Umschlagfotos: Vera Kalkner, München
Layout und Satz: BuchHaus Robert Gigler GmbH, München
Producing und Projektleitung: agentur Z., München
Fotoproduktion: Verena Zemme für agentur Z., München; Haare und Makeup: Cleo Seiderer für fame
Redaktionelle Betreuung: Gesa Gunturu für agentur Z., München, Mitarbeit Simone Kopiske
Bildredaktion: Susanne Allende, Verena Zemme
Lithoarbeiten: Uhl + Massopust, Aalen
Druck und Bindung: Appl, Wemding

Printed in Germany
ISBN 3-89604-423-0
Gedruckt auf elementar chlorfrei gebleichtem Papier